Ruth Nezmahen

# Glücksorte in der Steiermark

Fahr hin & werd glücklich

Dieses

# Glücksbuch

ist für

# Liebe Glücksuchende,

in der Steiermark lässt es sich leben. Hier verwöhnt man Gäste, aber man gönnt sich auch selbst gerne was. Das „grüne Herz Österreichs“ ist bekannt für zahlreiche kulinarische Köstlichkeiten, für einzigartige Natur- und Kulturlandschaften, für große Sportevents und idyllische Sommerfrische, klassisch oder auch anders. Logisch, dass die Steirerinnen und Steirer stolz auf „ihr“ Bundesland sind und sich stets als herzliche Gastgeber und Gastgeberinnen präsentieren. Die Extraportion steirischen Schmäh gibt es noch obendrauf, und eine gute Jause ist ebenfalls immer garantiert. Egal, worauf man gerade Lust hat, man wird es in der Steiermark finden. Sogar „waschechte“ Steirer stoßen immer wieder auf etwas Neues, wenn sie durch die Steiermark reisen. Hier sprudelt es nur so vor Kreativität, gleich wie das warme Thermalwasser in die Badebecken und das Kernöl aus den Ölmühlen.

Eure Ruth Nezmahen

# Deine Glücksorte ...


1 **Junge Römer**
Die Villa Rustica bei Löffelbach ........ 8

2 **Like a Phoenix**
Gasthaus Neuwirth ........ 10

3 **Grenzgänger**
Grenztisch an der Weinstraße ........ 12

4 **Schokoladentheater**
Zotter Erlebniswelt ........ 14

5 **(Un-)Sinn des Lebens**
Gsellmanns Weltmaschine ........ 16

6 **Hasta la vista, Baby**
Arnold Schwarzenegger Museum ........ 18

7 **Kaugummiblasen im Park**
Österreichischer Skulpturenpark ........ 20

8 **Die stärkste Feste**
Die Riegersburg ........ 22

9 **Isis in der Steiermark**
Isistempel am Frauenberg ........ 24

10 **Schloss der Lipizzaner**
Bundesgestüt Piber ........ 26

11 **Das achte Weltwunder**
Stiftsbibliothek Admont ........ 28

12 **Kühe und Zuckerwatte**
Klara-Kirtag ........ 30

13 **Mitten in Wiesenblumen**
Die Gärtnerei „Vom Hügel" ........ 32

14 **Heavy Metal und Schlager**
Schichtturm ........ 34

15 **Geselliges Pilgern**
Rund um Mariazell ........ 36

16 **Rostige Bibliothek**
Stadtbibliothek Leoben ........ 38

17 **Dom des Waldes**
Auf der Hebalm ........ 40

18 **Rosarotes Lebenselixier**
Schilcherweinstraße ........ 42

19 **Baden wie die Kaiser**
Bad Gleichenberg ........ 44

20 **Am Grazer Hausberg**
Der Schöckl ........ 46

21 **Bummelzugfahrt**
Stainzer Flascherlzug ..... 48

22 **Von Katzen und Mäusen**
Johanneskapelle Pürgg ..... 50

23 **Dorfleben**
Handwerksdorf Rassach ..... 52

24 **900 Jahre Geschichte**
Stift Rein ..... 54

25 **Pilze, Pilze, Pilze**
Rund um die Knödelhütte ..... 56

26 **Die dicke Oachn**
Tausendjährige Eiche bei Blumau ..... 58

27 **Werde zum Kunstmäzen**
Art Machine Pöllau ..... 60

28 **Waldbauernbub**
Peter Roseggers Waldheimat ..... 62

29 **Malerische Skyline**
Idyllisches Örtchen Straden ..... 64

30 **Kapelle unter Weintrauben**
Weingärten von Schloss Kapfenstein ..... 66

31 **Äpfel für den Kaiser**
Haus des Apfels ..... 68

32 **Ohne Ecken und Kanten**
Hundertwasserkirche ..... 70

33 **Kunst im Laubdorf**
Zu Besuch im Greith Haus ..... 72

34 **Barfüßiges Wohlgefühl**
Spazieren im Barfußpark Wenigzell ..... 74

35 **Weltkulturerbe auf Schiene**
SÜDBAHN Museum Mürzzuschlag ..... 76

36 **Lichtgestalten**
Glöckler Lauf ..... 78

37 **Die „verrückte" Kirche**
Pfarrkirche St. Jakob in Thal ..... 80

38 **Gut aufgelegt**
Austrovinyl Fehring ..... 82

39 **Alles handgemacht!**
Sepp Walchs Seidenhanddrucke ..... 84

40 **Österreichische Ästhetik**
Thonet-Museum Friedberg ..... 86

# … noch mehr Glück für dich


41 **Dorf-Frühstück**
Zu Besuch bei Kathinka .................. 88

42 **Alle heiligen Zeiten**
Feiertage auf Schloss Kornberg .................. 90

43 **Aller Wege Ziel**
Bad Radkersburg .................. 92

44 **Wie Zauberei**
Kleines magisches Varieté .................. 94

45 **Almfrühstück**
Die Stoakoglhütte .................. 96

46 **Be-swingt in den Tag**
DIXIE- & SWINGFESTIVAL Weiz .................. 98

47 **Zirbenduft in der Luft**
Zirbenkugeln der Konfiserie Josef Kern .................. 100

48 **Im Rosengarten**
Herberstein Rose .................. 102

49 **Die Zeit steht still**
Katerloch .................. 104

50 **Zu den Sternen**
Sternenturm in Judenburg .................. 106

51 **Der Duft von Bärlauch**
Mur-Auen bei Mureck .................. 108

52 **Wels und Pop-Kultur**
Street-Art in Feldbach .................. 110

53 **Schneegaudi**
Rodeln am Salzstiegl .................. 112

54 **Wanderidylle**
Rund um Soboth .................. 114

55 **Die Kraft der Vulkane**
Vulkanarena .................. 116

56 **Schatz oder Müll?**
Museum der verstoßenen Schätze in Straden .................. 118

57 **Bei den Tschickweibern**
Pfeilburg Fürstenfeld .................. 120

58 **Die Würze des Lebens**
Gewürze Mallaschitz .................. 122

59 **Stilles Örtchen**
Sky Toilet in Schladming .................. 124

60 **Sommerfrische**
Absteige zur bärtigen Therese .................. 126

61 **Wilde Mur**
Murpromenade von Murau ....... 128

62 **Himmlischer Garten**
Wohlfühlgarten im Stift St. Lambrecht ....... 130

63 **Cäcilia im Weingarten**
Die Schutzpatronin der Musiker und Musikerinnen ....... 132

64 **Holzarbeit macht Spaß**
Das Holzknechtland auf der Bürgeralpe ....... 134

65 **Auf Schatzsuche**
Drei-Seen-Tour ....... 136

66 **Romantisches Mittelalter**
Frauenburg bei Unzmarkt ....... 138

67 **Entspannung am See**
Zum Erlaufsee ....... 140

68 **Den Stadtkern berühren**
Altstadt von Graz ....... 142

69 **Der Garten der Götter**
Philemons Garten ....... 144

70 **Es klappert die Mühle**
Berghofer Mühle ....... 146

71 **Die Heiligengeistklamm**
Rund um Leutschach an der Weinstraße ....... 148

72 **Florierende Handelsstadt**
Das Kornmesserhaus in Bruck an der Mur ....... 150

73 **Schnell nach Štajerska**
Die Murfähre ....... 152

74 **Drache und Fledermaus**
Drachenhöhle von Mixnitz ....... 154

75 **Ohren ins Weltall**
Erdfunkstelle Aflenz ....... 156

76 **Wunder in Schüsseln**
Wallfahrtskirche Schüsserlbrunn ....... 158

77 **Die Treppe ins Nichts**
Der Dachstein ....... 160

78 **Mit ohne Strom**
Freilichtmuseum Stübing ....... 162

79 **50 Shades of Green**
Grüner See ....... 164

80 **Im Flussbad**
Sulmbad-Steinerne Wehr ....... 166

# Junge Römer

## 1 Die Villa Rustica bei Löffelbach

Die Steiermark war in der Antike Teil des umkämpften Königreiches Noricum. In der Steiermark könnte sogar die sagenumwobene keltische Hauptstadt Noreia gewesen sein. Nach zahlreichen Kämpfen wurde das Königreich schließlich Teil des Römischen Reiches, eine Provinz, in der sich Römerinnen und Römer ansiedelten und Luxus und römische Annehmlichkeiten mitbrachten. In der römischen Antike war die einzige Stadt, *municipium,* auf steirischem Boden Flavia Solva. Sie war ein kulturelles und wirtschaftliches Zentrum. Doch in der ganzen Steiermark findet man Spuren der Römer: Brücken, Straßen oder Gräber, Reste von Tempeln und Profanbauten. In der Nähe von Hartberg hat sich eine wohlhabende römische Familie im 2. Jahrhundert besonders gut eingerichtet. Die Grundmauern der Villa Rustica, eines römischen Landsitzes, sind erhalten, heute zu besichtigen und sogar zu begehen. Auf dem kurzen Fußweg dorthin wird klar, warum man sich hier angesiedelt hat: Kornfelder, Kornblumen, Mohnblumen, Weingärten, Rosen, Mais und Ölkürbis-Felder. Es ist ein wundervoller Platz und im Sommer ein prachtvolles Farbenspiel. Das große Atriumhaus hatte eine Säulenhalle, bemalte Wände, Fußbodenheizung, Wasserversorgung mit großzügigem Badbereich und gleich mehreren Räumen, in denen es unterschiedliche Wassertemperaturen gab, und einen eigenen Umkleideraum. Das Haus besaß ein modernes Abwassersystem, eine Errungenschaft, die in späteren Epochen erst wiederentdeckt werden musste. In einer großen Empfangshalle wurden Gäste und „Geschäftspartner" empfangen und wohl auch Feste gefeiert. 200 Jahre war der Landsitz bewohnt, während rundherum das Römische Reich zerbröckelte. Im 5. Jahrhundert wurde es aufgegeben, Spuren von Verwüstung oder Kampfhandlungen gibt es keine. Vielleicht ging es hier zu wie bei Falcos Lied: *Junge Römer, kennt ihr die Sonne noch? Sie kennt die Sorgen. Junge Römer, die Nacht ist jung wie ihr – vergesst das Morgen.* Dieses Gefühl des Dolce Vita kann man gut nachempfinden, wenn man sich neben den Mauerresten unter die Bäume setzt.

TIPP

Fundstücke im Museum Hartberg.

- Villa Rustica, Löffelbach, Hartberg, Tel. +43 (33 32) 6 60 01, Tel. +43 (6 64) 2 00 92 54 www.steiermark.com
- ÖPNV: Bus X31, Haltestelle Schildbach Ressavarstraße, ca. 20 Minuten Fußweg

# Like a Phoenix

2

## Gasthaus Neuwirth

Der Kontrast könnte krasser nicht sein: ein beschauliches Landgasthaus, in dem Schnitzel und Bier serviert werden, und andererseits der Sohn des Hauses, der als Conchita Wurst Weltkarriere machte. Tom Neuwirth mit bürgerlichem Namen wuchs im elterlichen Gasthaus in der Steiermark auf. Nach der Modeschule in Graz und Castingshows im ORF entwickelte er die Kunstfigur Conchita Wurst und trat 2014 beim Eurovision Song Contest an. Das Lied „Rise Like a Phoenix“ schlug ein wie eine Bombe, und Conchita, an diesem Abend auch „the Queen of Austria“ genannt, gewann den European Song Contest. Die Ansprache und die berühmten Worte *and we are unstoppable* gingen um die Welt. Sie waren denen gewidmet, die an eine Zukunft in Frieden und Freiheit glauben. Ganz Österreich kann sich noch an diesen Abend erinnern, und jedes Kind kennt seitdem den Namen Conchita Wurst, sie wurde eine Ikone. Dieser Aufstieg und dieser Wandel von Tom Neuwirth hin zu Conchita Wurst sind einfach inspirierend und unglaublich. Für Fans ist der Besuch des elterlichen Gasthauses ein Muss, denn ein ganzes Zimmer ist dekoriert mit Conchita-Fan-Artikeln und Andenken, die Fans der Familie mitgebracht haben. Die Eltern arbeiten weiter im Gasthaus und beantworten bereitwillig die ständigen Fragen über ihren berühmten Sohn. Vor dem Eingang gibt es eine Bank, hinter der Conchita Wurst strahlt, im Gasthaus gibt es echte Conchita-Wurst-Würstel zu kaufen, und blättert man durch das Gästebuch, dann bemerkt man sofort, wie wichtig Conchita als Symbol für Akzeptanz und Freiheit für so viele Menschen weltweit geworden ist. Obwohl das Gasthaus Neuwirth ganz und gar nicht für den Besuch von Diven geeignet ist, sondern eher bodenständige Gäste zufriedenstellt, so ist es für jeden zumindest einen kurzen Besuch wert, denn die Karriere von Conchita macht Mut. Egal woher du kommst, egal was dich interessiert und wer du bist, verwirkliche deine Träume, *rise like a phoenix.*

TIPP

Das Kulturkino in Gröbming.

- Gasthof Neuwirth, Zauchen 81, 8983 Bad Mitterndorf, Tel. +43 (36 23) 36 52
- ÖPNV: Zug, Haltestelle Bahnhof Bad Mitterndorf, ca. 15 Minuten Fußweg

who is it?

# Grenzgänger

## 3 Grenztisch an der Weinstraße

Da geht einem das Herz auf, wenn man an der Südsteirischen Weinstraße entlangspaziert. Die Hügellandschaft hier wird „steirische Toskana" genannt. Dabei braucht man sich in keiner Weise mit dem italienischen Hügelland zu messen, sondern ist stolz auf die unvergleichlich schöne Landschaft. So weit das Auge reicht, sieht man Weingärten, Wälder und Häuschen, dazwischen die berühmten Windräder, die hier „Klapotetz" genannt werden und die als Symbol der Gegend gelten. Man blickt auf der einen Seite nach Österreich, auf der anderen nach Slowenien. Diese beschauliche Straße ist nämlich eine Staatsgrenze mit langer Geschichte. Die ehemalige Untersteiermark, heute Slowenien, war über Jahrhunderte Teil der Steiermark. Slowenisch und Deutsch wurden hier gleichermaßen gesprochen, und auch die Kultur war und ist sehr ähnlich. Nach dem Ersten Weltkrieg mussten sich die Bauern, die sich plötzlichen im Grenzland wiederfanden, entscheiden, ob sie lieber bei Österreich verbleiben oder zum jungen Staat Jugoslawien gehören wollten. Mitten durch Bauernhöfe und Familien wurde die Grenze rücksichtslos gezogen, ein tiefer Einschnitt in die Kulturlandschaft. Tragödien haben sich hier abgespielt. Über Jahre war es kaum möglich, die streng bewachte Grenze zu überschreiten. Im Zweiten Weltkrieg und im Jugoslawien-Krieg in den 1990er-Jahren gab es hier Kampfhandlungen. Doch nun ist die Grenze wieder offen. Man lebt hier zu Österreich oder zu Slowenien gehörig, aber eines vereint alle: die Steiermark bzw. Stajerska. Mit einem Satz kann man über die Staatsgrenze springen, genießt ein Glas Wein in Österreich und eine Brettljause gleich nebenan beim slowenischen Nachbarn. Viele Slowenen und Sloweninnen arbeiten in Österreich, und viele steirische Winzer haben Weingärten sowohl auf der österreichischen als auch auf der slowenischen Seite. Die Weinstraße, die einst als Teil des Eisernen Vorhangs Menschen getrennt hat, verbindet heute zum guten Glück wieder. Die Straße ist ein Ort der Begegnung. Hier lebt, spricht, arbeitet und feiert man miteinander über alle Grenzen hinweg. Genauso verbindend sollten Grenzen überall sein.

TIPP

Das Mausoleum von Ehrenhausen.

- Grenztisch – Miza na meji, Glanz 31, 8463 Leutschach an der Weinstraße, Tel. +43 57 73 05 20, www.steiermark.com
- ÖPNV: Bus 619, Haltestelle Glanz Valentinstüberl, ca. 17 Minuten Fußweg

MIZA NA MEJI
ZBIRALIŠČE
IZMENJAVA
SOSEDSTVO
OBČINA KUNGOTA
DRUŽINA
DREISIEBNER

# Schokoladentheater

## 4 Zotter Erlebniswelt

So stellt man sich das wahre Schlaraffenland vor: Beim Eintritt in das „Schokoladentheater“ bekommt man einen Löffel in die Hand gedrückt. Das ist das Ticket für eine wunderbare Reise ins Land der Schokolade. Man kann den Mitarbeitern und Mitarbeiterinnen der Schokoladenmanufaktur Zotter bei der Arbeit über die Schulter schauen und an jeder Ecke etwas verkosten. Jetzt kommt der Löffel ins Spiel: Flüssige Schokolade, Bruchstücke, Trinkschokolade und Bonbons, so ziemlich alles, was man sich in den wildesten Träumen erhofft hat, wird hier am laufenden Band angeboten. Jeder kostet, so oft und so viel er will. Zotterschokolade ist bekannt für seine ausgefallenen Geschmacksvariationen, aber auch Klassiker sind dabei. Es lohnt sich, hier Mut zu haben und einmal eine ganz neue Zutat auszuprobieren. Wie wäre es mit Schokolade mit Grammeln (steirisch für „Schweineschwarte“), mit Fischgeschmack, Zitronenpolenta, Algen, Insekten, Bier oder mit Blut? Oder wie wäre es mit dem scharfen Götterdrink? Oder sollte es doch lieber etwas Klassisches sein wie Nougat oder Erdbeere? Der Gaumen wird hier geschult, wie unterschiedlich Schokolade eigentlich schmecken kann. Das Design der Verpackungen ist teilweise zum Schreien komisch. Egal, wofür man sich entscheidet, eines sollte man wissen: Die wichtigsten Zutaten, die in allen Produkten von Josef Zotter stecken, sind Humor, Leidenschaft und der Nachhaltigkeitsgedanke der Familie. Josef Zotter besucht seine Kakaobauern regelmäßig persönlich und kauft die Bohnen direkt bei ihnen. Der Schutz der Artenvielfalt, des Bodens, der Umwelt, aber auch die Verbesserung der Lebens- und Arbeitsbedingungen der Arbeiter und Arbeiterinnen sowohl in der Steiermark als auch in Übersee ist für die Familie Zotter obligatorisch. Die Schokolade ist Fair Trade, handgeschöpft, jede noch so ausgefallene Zutat kommt aus biologischer Landwirtschaft und, wo es möglich ist, gleich direkt aus der Umgebung. Das schmeckt man!

TIPP

Die Nachbarn: Vulkanoschinken Manufaktur, Gölles Essig und Fromagerie.

- Zotter Schokolade GmbH, Bergl 56, 8333 Riegersburg, Tel. +43 (31 52) 55 54
- ÖPNV: Bus Nr. 406, Haltestelle Altenmarkt Zotter

Labooko
Ecuador 60%
Dunkle Schokolade
Nicaragua 50%
Milchschokolade
Himbeer

# (Un-)Sinn des Lebens

## 5 Gsellmanns Weltmaschine

Die bemerkenswertesten Dinge auf dieser Welt entstehen, wenn Menschen mit Begeisterung daran arbeiten. Revolutionäre Ideen und Erfindungen erleichtern uns den Alltag und beeinflussen unser ganzes Leben. Alles soll Hightech, effizient, produktiv und sinnvoll sein. Aber muss denn alles Sinn ergeben? Nein, in der Südoststeiermark nicht. Hier findet man im „normalsten" Haus des Dorfes, in einem Schuppen im Hof, ein Ding mit großem Namen: die „Weltmaschine". Was ist das für eine Maschine?, fragt man sich, wenn man den kleinen Wegweisern folgt. Bewegt sie die Welt? Erleichtert sie unseren Alltag? Ist sie überlebenswichtig für unseren Planeten? Handelt es sich hier um irgendetwas Außerirdisches? Nein, all das trifft nicht zu. Die Maschine ist garantiert kein Hightech oder produktiv. Sie erhebt keinen Anspruch auf Sinn oder Nutzen. Ihr Erfinder, der Steirer Franz Gsellmann, hat in 23 Jahren, bis zu seinem Tod, diese zu einem riesigen Gebilde gewachsene Maschine zusammengebaut. Schaltet man sie ein, so bewegen sich Räder, Glühbirnen leuchten, es rattert und rasselt. Man erwartet jeden Moment, dass das Haus zu fliegen beginnt oder zumindest etwas explodiert, dass wenigstens das Garagentor aufgeht oder der Wasserkessel kocht. Aber es passiert einfach nichts. Die Weltmaschine erzeugt nichts, ist kein Küchengerät und kein Roboter. Aber gerade deshalb ist sie so faszinierend. Ihr Schöpfer Franz Gsellmann hat in seinem Leben eine Reise gemacht, nämlich nach Belgien. Inspiriert vom Atomium ist er sofort zu Hause ans Werk gegangen, eine Maschine zu bauen, bei der das Atomium im Mittelpunkt steht. Er hat seine ganze Leidenschaft und unzählige Stunden Arbeit hier hineingesteckt. Für ihn war die Maschine auch nie fertig. Er hat etwas geschaffen, das für ihn Sinn ergeben und ihm Freude bereitet hat. Das ist hinter all dem Metall, den Rädchen und Schrauben, den kleinen Souvenirs, alten Haushaltsgeräten und Kinderspielzeug immer spürbar. So vergeht glücklich die Zeit beim Betrachten der Weltmaschine, und mancher verliert sich im Philosophieren über Sinn und Unsinn.

TIPP

Unweit der Weltmaschine gibt es das Brückenmuseum.

● Gsellmann Weltmaschine, Kaag 12, 8332 Edelsbach,
Tel. +43 (31 15) 2983, +43 (6 64) 4 56 63 70, www.weltmaschine.at
● ÖPNV: Bus Nr. 405, Haltestelle Kaag bei Feldbach, ca. 30 Minuten Fußweg

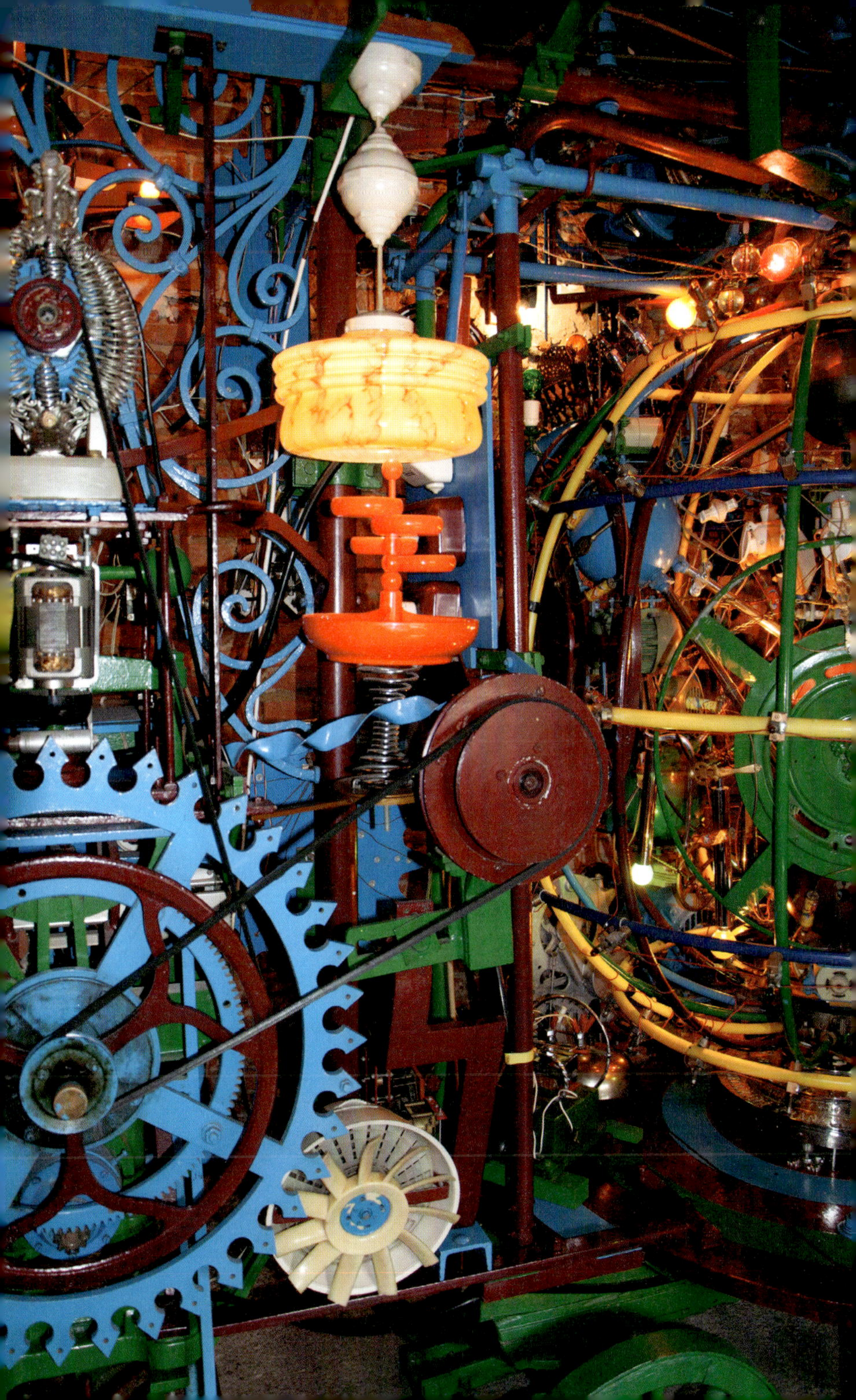

# Hasta la vista, Baby

6

## Arnold Schwarzenegger Museum

Er ist der weltweit wohl bekannteste Steirer. In seiner Heimat gilt er noch immer als der schönste und stärkste Mann des Universums: Arnold Schwarzenegger. Die Karriere dieses Mannes ist wirklich einzigartig. Der Mann aus Thal bei Graz, der in bescheidenen Verhältnissen aufgewachsen ist, wurde mehrmals zum „Mister Universum" gekürt. Er schaffte über das Body Building den Sprung nach Hollywood. Als Schauspieler wurde er als „Terminator" bekannt. Anschließend ging er in die Politik und wurde zweimal zum Gouverneur von Kalifornien gewählt. In ihm steckte von Anfang an mehr als ein Muskelprotz. In seinem Geburtshaus in Thal bei Graz wurde ein kleines Museum für ihn eingerichtet, das die Meilensteine seines Lebens zeigt. Auch das Alltagsleben einer ganz normalen Familie in der Steiermark der Nachkriegszeit wird dort dokumentiert. So kann man einen Blick in Arnolds Kinderzimmer werfen und am Ende den Schreibtisch (allerdings eine Kopie) bestaunen, an dem er als mächtiger Politiker Entscheidungen getroffen hat. Was Steirer und Steirerinnen an „Arnie" noch immer schätzen, ist, dass er seine Wurzeln nie vergessen hat und immer wieder zu Besuch kommt. Es geschieht immer wieder, dass man den „Terminator" ganz privat und relaxed in der Grazer Innenstadt trifft. Immer ist er gerne zu einem „Hallo" oder Selfie bereit. Er bestätigt selbst, dass die schöne Steiermark, die lustigen Steirer und Steirerinnen und vor allem das gute Essen und Trinken ihn zu dem gemacht haben, was er heute ist. Den österreichischen Humor hat er sich in all den Jahren in Amerika bewahrt. Auch im Museum gibt es einiges zum Schmunzeln. *I'll be back* hört man dann von vielen Besuchern und Besucherinnen am Ende des Museumsrundgangs.

TIPP

Arnies Herzensprojekt: die Special Olympics.

● Arnold Schwarzenegger Museum, Linakstraße 9, 8051 Thal bei Graz, Tel. +43 (316) 57 19 47, www.arnieslife.com

● ÖPNV: Bus Nr. 48, Haltestelle Kirchberg

# Kaugummiblasen im Park

7

## Österreichischer Skulpturenpark

Wo gibt's denn so was? Rosa „Kaugummis", die sich selbst aufblasen und dann zerplatzen, ein überdimensionaler Türgriff, mit dem der ganze Hügel aufgehoben werden kann, gestrandete Beton-Schiffe weit weg vom Meer und gläserne Labyrinthe? All dies gibt es nur im Österreichischen Skulpturenpark bei Graz. Er ist das perfekte Ausflugsziel für Menschen, die Kunst und Natur, einen Museumsbesuch mit einem Parkspaziergang verbinden möchten. Der gepflegte weitläufige Park beheimatet mehr als 80 Skulpturen heimischer und internationaler Künstler und Künstlerinnen wie Fritz Wotruba, Franz West, Erwin Wurm, Hans Kupelwieser, Bruno Gironcoli oder die Werke von Nancy Rubins, Tobias Rehberger oder Susana Solano. Manche Skulpturen sehen richtig lustig aus wie der oben genannte pinke Ballon, „gesture" oder liebevoll „Kaugummi" genannt, von Werner Reiterer. Die pinke Plane hebt sich stark ab von den grünen Wiesen der Umgebung, sie verändert ihre Form, bläst sich auf und zerplatzt dann wieder mit einem Knall. Das Objekt beschäftigt sich mit Dauerhaftigkeit und Unveränderbarkeit, es interagiert mit der Umgebung und ist durch diesen Überraschungsmoment zu einem Liebling des Parks geworden. Andere Skulpturen haben einen ernsten Hintergrund wie die riesige Skulptur aus Flugzeugteilen, die 2003 bei ihrer Enthüllung sofort an die Anschläge auf das World Trade Center erinnert hat. Der Park wächst nach wie vor und lockt mit Festen und Veranstaltungen Besucher und Besucherinnen an. So kann man dieses Freiluftmuseum durchaus mehrmals im Jahr besuchen und wird es immer wieder in neuem Licht, mit anderer Vegetation sehen können, oder auch mit neuen Skulpturen. Im Unterschied zu anderen Museen ist der Skulpturenpark sehr lebendig, offen, haptischer und nicht steril und versperrt. Viele Kunstwerke dürfen begangen, umgangen, besprungen oder benutzt werden. Berühren ist in vielen Fällen erlaubt, denn nur so kommen viele dieser Kunstwerke zur Geltung und funktionieren. Es ist eine skurrile Welt mit Kunst in der Natur.

TIPP

Der Park ist Teil des Universalmuseums Joanneum, der Eintritt ist frei.

● Österreichischer Skulpturenpark, Thalerhofstraße 85, 8141 Premstätten, Tel. +43 (3 16) 80 17-97 04, www.museum-joanneum.at

● ÖPNV: Bus Nr. 671, Haltestelle IBC/ Skulpturenpark

# Die stärkste Feste

8

## Die Riegersburg

Die „stärkste Feste der Christenheit" wurde die Riegersburg genannt. Ein großer Titel für eine imposante Festung. Von Weitem sichtbar auf einem hohen Basaltfelsen ist sofort klar, warum hier im 12. Jahrhundert eine Festung gebaut wurde. Hier hat man wahrscheinlich eine der schönsten Aussichten in der Steiermark. Sie war aber nicht nur Festung, sondern wurde bewohnt. Immer wieder wurde sie dem Geschmack der Zeit entsprechend umgestaltet und erweitert. Wenn diese Mauern sprechen könnten, würden sie wohl von Schlachten sprechen, von selbstbewussten und selbstbestimmten Frauen wie der berühmten „Gallerin", die hier das Sagen hatten, und auch von Festen oder von tagelangen Trinkgelagen der Adelsfamilien. Ein Hinweis dafür ist eine Inschrift, eingeritzt in eine Fensterscheibe, die es zu entdecken gilt. Das eine oder andere Gläschen Wein wurde hier offensichtlich geleert, bevor man sich auf der „Speib-Brücke", der Abkürzung zum „stillen Örtchen", schnell erleichtern konnte. Seit einigen Jahrzehnten spazieren durch die alten Mauern, die in Privatbesitz der Familie Liechtenstein sind, Besucher und Besucherinnen. Man kann einige Prunkräume bestaunen, das Hexenmuseum, das Waffenmuseum oder an der Greifvogelschau teilnehmen. Die Gegend hier war über Jahrhunderte Grenzgebiet zum Osmanischen Reich. Der Alltag war hart und voller Entbehrungen, in Wahrheit war den Burgbewohnern nur selten zum Feiern zumute. Also hat man sich hier etwas einfallen lassen, um zu einer Extraportion Glück zu gelangen. Im hinteren Burghof gibt es einen Brunnen mit reich verzierter Brunnenlaube. Wer in diesem Gewirr das Hufeisen entdeckt, hat das Glück gefunden. Für Männer bedeutet der Anblick ganz allgemein Glück in naher Zukunft. Frauen, die das Hufeisen finden, so sagt man, werden noch im selben Jahr heiraten, war man doch früher der Meinung, dass eine Frau doch gar kein anderes Glück anstreben kann. Heute ist man auch in Sachen Glück gleichberechtigt und sowohl Frauen als auch Männer, die das kleine Hufeisen entdecken, dürfen sich etwas wünschen, wen oder was immer sie wollen.

TIPP

Das Hufeisen sieht eher aus wie ein Kipferl.

- Riegersburg, Riegersburg 1, 8333 Riegersburg, Tel. +43 (31 53) 8 21
www.dieriegersburg.at
- ÖPNV: Bus Nr. 406, Haltestelle Riegersburg Burglift

# Isis in der Steiermark

## 9 Isistempel am Frauenberg

Es gibt Orte auf der ganzen Welt, die eine besondere Aura, eine ganz besondere Energie haben. Das spüren auch moderne Menschen von heute, die es teilweise verlernt haben, Dinge wahrzunehmen, die wissenschaftlich nicht nachweisbar sind. Viele romanische Kirchen stehen auf den Resten antiker Tempel, und über diese romanischen Kirchen wurden gotische Gotteshäuser gebaut und darüber barocke Kathedralen. Die Kraft vieler dieser Orte ist nie verloren gegangen. Einer davon ist der Frauenberg bei Leibnitz. Die ersten Funde stammen aus der Jungsteinzeit. In der Keltenzeit gab es hier schon eine bedeutende Siedlung und Kontakt zum Römischen Reich, ehe dieser Hügel Teil des Römischen Reiches wurde. Aus der Zeit der Römer sind noch die Überreste und Grundmauern eines Tempels erhalten. Im späten 1. Jahrhundert entstand hier das Hauptheiligtum der römischen Siedlung Flavia Solva, also das kulturelle Zentrum der ganzen Region. Es war der Göttin Isis-Noreia geweiht, wie eine fragmentarische Inschrift belegt. Beeindruckend, wie es eine ägyptische Gottheit in die Steiermark verschlagen hat, wo sie zudem mit einer wahrscheinlich keltischen Muttergöttin verehrt wurde. Im Vielvölkerstaat des Römischen Reiches war es durchaus üblich, den besiegten Völkern weiterhin die Verehrung der alten Gottheiten zuzugestehen. Nach und nach verschwammen dann alte und neue Götter aus verschiedenen Regionen des Römischen Reiches. Im Museum sind heute, neben Figuren, Münzen und Keramik, Statuen der stillenden Mutter-Gottheit Isis-Noreia zu sehen. In den Wirren der Völkerwanderung wurde der Frauenberg als Zufluchtsort genutzt. Mit Ende des Römischen Reiches entstand hier die erste christliche Kirche, die sogar Bischofssitz gewesen sein könnte. Auch heute noch gelten der Berg und die darauf gebaute Kirche als Wallfahrtsort. Die Reste des Tempels sind ein faszinierender Kraftort voller Frauenpower, der schon seit Jahrhunderten die Menschen in den Bann zieht. Sogar die „Himmelskönigin“, die „Herrin der Unterwelt“, die Göttin der Geburt, Wiedergeburt und Magie wurden hier gerne sesshaft.

TIPP

Lapidarium im Schloss Seggau.

- Am Frauenberg 9, 8430 Leibnitz, Tel. +43 (34 52) 8 63 20, oder +43 (6 64) 73 90 09 09, www.tempelmuseum-frauenberg.at
- ÖPNV: ÖBB-Bahnhof Leibnitz, Weiterfahrt mit regioMobil (050 16 17 18) nach Frauenberg (3 km)

# Schloss der Lipizzaner

## 10 Bundesgestüt Piber

Neben Mozart, Sisi und den Wiener Sängerknaben sind es die Lipizzaner, die als österreichische Ikonen gelten. Die weißen Pferde der Spanischen Hofreitschule werden im Gestüt Piber gezüchtet und wachsen dort auf. Erzherzog Karl hatte im 16. Jahrhundert mit der Zucht dieser schönen Tiere begonnen, zu Beginn waren sie noch für den Einsatz im Krieg gedacht. Doch bald hat man erkannt, dass diese lernwilligen Tiere viel zu schade sind, um sie in Schlachten einzusetzen. Die Fohlen werden schwarz geboren, die erwachsenen Pferde sind alle weiß bis auf wenige Ausnahmen, die dunkel bleiben. Die Kinderstube der weißen Pferde und auch ihr Geburtsort ist das Gestüt Piber in der Weststeiermark. Grüne Wiesen und das wunderschöne alte Gestütsgebäude sind wohl ein passendes Ambiente. Wenn das erste Fohlen im Jänner/Februar das Licht der Welt erblickt, ist es immer ein großes Ereignis. Im Sommer dürfen sie mit den Mutterstuten auf die steirischen Almen und üben dort spielerisch ihre Trittfestigkeit und Gangarten. Im Gestüt werden sie gehegt und gepflegt und für die Spanische Hofreitschule in Wien vorbereitet. Nur die besten Pferde schaffen es in die Hauptstadt und werden für die Zucht herangezogen. Im Gestüt Schloss Piber kann man eine Ausstellung besuchen und natürlich auch die Pferde aus nächster Nähe betrachten. Die ganze Region hat sich den Lipizzanern verschrieben, sie gelten als das Markenzeichen der Weststeiermark. Hier trägt man ein Lipizzaner-Dirndl, macht Lipizzaner-Wanderungen und isst Lipizzaner-Brot und süße Lipizzaner-Radl. Die Lebensfreude und Energie dieser majestätischen Tiere und der verspielten schwarzen Fohlen, die noch etwas tollpatschig über die Wiesen springen, sind einfach ansteckend. Man sollte es in dieser Gegend den Pferden gleichtun und ebenfalls über die grünen Wiesen springen oder bei einer Wanderung mit Picknick-Korb die Aussicht auf das Gestüt genießen, einfach Energie tanken und ein paar Extrapferdestärken mit nach Hause nehmen.

TIPP

Das Geschäft Kunststück ist eine Schatzkammer voller schöner Dinge.

- Bundesgestüt Piber, Piber 1, 8580 Köflach, Tel. +43 (31 44) 3 32 31 00 www.piber.com
- ÖPNV: Bus Nr. 703, Haltestelle Afling Ort, ca. 40 Minuten Fußweg

# Das achte Weltwunder

## 11 Stiftsbibliothek Admont

Die Bibliothek im Benediktinerstift Admont ist kein Geheimtipp mehr. Schon längst weiß man, dass sich hinter diesen dicken Klostermauern etwas ganz Besonderes befindet, nämlich der größte Klosterbibliotheksaal der Welt. Die gesamte Sammlung umfasst 200.000 Werke, in Worten: zweihunderttausend! Nicht nur wegen ihres Umfangs, sondern vor allem wegen des atemberaubenden Prunksaals gilt sie als achtes Weltwunder. Die Ausmaße sind beeindruckend, die drei hohen Räume sind mit unzähligen Deckenfresken geschmückt, die voller Symbolik und Geschichte stecken und die verschiedenen Stufen der menschlichen Erkenntnis zeigen. Josef Hueber schuf diesen Saal, der von gleich sieben Kuppeln überwölbt wird und 1776 fertiggestellt wurde. Das Licht, ganz im Sinne der Epoche der Aufklärung, spielt hier eine große Rolle. Licht wurde mit Erkenntnis gleichgesetzt, und diese Erkenntnis durchflutet regelrecht die Räume, sodass sie in zeitlosen Pastellfarben weiß und golden erstrahlen. Die Bibliothek wirkt leicht und hell, ja fast himmlisch. Die Sonne erhellt die Bibliothek, und die Bücher und Handschriften sollen den Geist der Menschen erhellen: *Habe Mut, dich deines eigenen Verstandes zu bedienen* heißt es in der Zeit der Aufklärung. Es ist ein ganz besonderes Gefühl, inmitten von jahrhundertealtem Wissen zu stehen und den Geist der Aufklärung zu spüren. Man wird sofort von der Lust erfasst, zu lesen und sich zu bilden. In Admont ist das möglich, zum Beispiel im Museum des Stiftes. Die Sammlung der Bibliothek umfasst nicht nur verschiedene Bibeln unterschiedlicher Epochen und religiöse Schriften, sondern auch bedeutende Werke der Wissenschaften. Es klingt unglaublich, doch sogar Handschriften, die es seit der Gründung der Bibliothek gibt, befinden sich noch heute im Bestand. Humor kommt hier ebenfalls nicht zu kurz. Unter den Figuren in der Mitte des Saales findet man auch einen kleinen Teufel mit Brille, der eher an einen Anwalt erinnert. Wurde er etwa nach einer realen Person gefertigt?

TIPP

Der Nationalpark Gesäuse.

- Stift Admont, Kirchplatz 1, 8911 Admont, Tel. +43 (36 13) 23 12-0 www.stiftadmont.at
- ÖPNV: Bus SV130, Haltestelle Admont Bahnhof, 15 Minuten Fußweg

# Kühe und Zuckerwatte

12

## Klara-Kirtag

Ein Kirtag hatte, wie der Name vermuten lässt, ursprünglich mit der Kirche zu tun. Es war der „Kirchtag". Profane Feste wurden meistens zur Einweihung einer Kirche oder zum Fest des Namenspatrons abgehalten. Heute würde man auch Jahrmarkt dazu sagen. Ein Kirtag ist stets ein Fest von der Gemeinde für die Gemeinde. Jedes Jahr lockt der Klara-Kirtag nicht auf den Kirchplatz, sondern hoch hinauf auf die Alm. Die Stubalpe, beim „Alten Almhaus", ein toller Berg, der über der Baumgrenze von 1600 Metern Seehöhe liegt, ist Schauplatz für dieses Spektakel. Normalerweise hört man hier nur die Glocken der Kühe. Man trifft vereinzelte Wanderer, Kühe und Lipizzaner-Junghengste, die hier ihre Sommerfrische genießen dürfen. Das Alte Almhaus ist eine bekannte Hütte, die Start oder Ziel für viele Wanderer und Ausflügler ist. An jedem anderen Tag des Jahres ist die Alm eine Ruheoase, nur nicht beim Klara-Kirtag. Da wandert man statt zwischen Felsen und Wiesen zwischen „Standln" und Buden, wo vom Besen bis zur Unterhose alles verkauft wird, was man im Leben so braucht. Man sitzt neben gut gelaunten Menschen in Dirndl und Lederhose auf den Bierbänken. Es riecht nicht nach Kräutern und kalter Almluft, sondern nach Zuckerwatte, Bratwürstel und Bier. Man hört kaum das Vogelgezwitscher und die Glocken, dafür den Song *Steirermen are very good, very very good for Hollywood* (gemeint ist Arnold Schwarzenegger, ein Steirer, der in den USA Karriere gemacht hat) aus Lautsprechern schallen oder eine Steirische Harmonika live am Nebentisch. Es wird hier gestöbert, gefeilscht, getanzt und gejodelt, wo sonst das ganze Jahr über gewandert oder Ski gefahren wird. Einmal im Jahr ist aber genau diese Abwechslung herrlich. Der Klara-Kirtag ist echt steirisch und über 140 Jahre alt. Da ist eine „Riesengaudi" garantiert, wenn man sich auf all diese Kirtag-Traditionen einlässt. Denn die Steirer und Steirerinnen wissen, wie man feiert.

TIPP

Das „Alte Almhaus" an all den anderen Nicht-Kirtag-Tagen.

● Gasthaus Altes Almhaus, Kemetberg 60, 8591 Maria Lankowitz, Tel. +43 (31 47) 2 12, www.altesalmhaus.at

# Mitten in Wiesenblumen

13

## Die Gärtnerei „Vom Hügel"

Wie der Name sagt, auf einem Hügel in der Oststeiermark findet man die Gärtnerei „vom Hügel", und die ist wild und pur und nachhaltig, jedenfalls wunderschön. Am Fuße des Hügels sind die biologischen Felder und Gewächshäuser, die Farbenpracht der Blumen dort ist einfach ein Wahnsinn. Ende Mai blühen zum Beispiel die pinken Pfingstrosen, die so wirken, als wären sie nicht von dieser Welt. Und ein paar Meter weiter die blitzblauen Kornblumen. Man möchte von jeder Blüte ein Foto machen, und doch lässt sich die Schönheit nur schwer einfangen. Am besten ist es, einfach das Hier und Jetzt zu genießen. Auf dem Hügel befindet sich ein kleines Geschäft, in dem man neben Vasen, Kissen, Karten und Deko natürlich auch Blumen kaufen kann. Das Highlight ist das Gartencafé. Das Gebäude ist ein Wintergarten mit hohen Fenstern und ist dadurch lichtdurchflutet. Es wurde in den Hang hineingebaut und hat eine lange Terrasse mit herrlicher Aussicht über das Raabtal. Viel Holz und Pflanzen, bunte Decken und Polstermöbel machen das helle Gebäude sehr gemütlich. Jede Ecke, jeder Tisch, die Bar, die Terrasse, die Decke, einfach alles ist mit den geschmackvollsten Blumenarrangements, die man sich vorstellen kann, dekoriert. Keine kitschigen Blumensträuße, sondern Vasen mit bunten Wiesenblumen, Gräsern und Kräutern kann man hier bewundern. An Blumen wird nicht gespart. Auch in der Küche werden essbare Blüten und Pflanzen, die auf den Feldern direkt vor der Tür geerntet wurden, verwendet, *„farm to table"* sagt man dazu. Alles hier ist bio, nachhaltig und handgepflückt. Beispielsweise beim reich gedeckten Frühstücksbüfett blüht so ziemlich jede Speise. Alles ist mit Blüten dekoriert oder verfeinert, vom Ei im Glas bis zum Schokoladenkuchen. „Vom Hügel" war der erste Bioblumen-Bauernhof Österreichs, und man schmeckt, riecht und sieht nach wie vor die Leidenschaft der Betreiber.

TIPP

Workshops und Übernachtungen im Tipi auf der Wiese.

● Vom Hügel, Erbersdorf 1, 8322 Eichkögl, Tel. +43 (6 76) 85 20 10-100
www.vomhuegel.at
● ÖPNV: Bahnhof Fladnitz/Studenzen

# Heavy Metal und Schlager

## 14 Schichtturm

Der Ort Eisenerz ist ein hartes Pflaster. Hier wohnten einst die Bergmänner, Radmeister und Büchsenmacher. Auch Frauen und Kinder waren im Eisen-Bergbau tätig. Die Wälder waren das Jagdgebiet des Kaisers. Laut einer Sage heißt es, man habe einen Wassermann gefangen, der für seine Freilassung den Menschen Folgendes anbot: Gold für zehn Jahre, Silber für 100 Jahre oder Erz für immer. Die Menschen haben sich für das Erz entschieden. In Eisenerz ist es aber um den Bergbau etwas ruhiger geworden, denn Maschinen ersetzen die Arbeiter und Arbeiterinnen von früher. Die alten Industriehallen haben jetzt andere Funktionen. Manche, wie das Radwerk IV in Vorau – ein Industriedenkmal – können als Museum besichtigt werden. Ein neuer Geist von Spaß, Sport und Kunst ist nach Eisenerz gezogen. Das alte Rathaus am Bergmannsplatz ist heute das Stadtmuseum. Das Gebäude der Innerberger Hauptgewerkschaft wurde zum Postmuseum. Der Erzberg ist Austragungsort des Erzbergrodeos, eines Motorradrennens, und ein beliebtes Ausflugsziel geworden. Doch Heavy Metal ist alleine schon durch das Musiklabel Napalm Records noch immer allgegenwärtig. Der Schichtturm, der früher die Arbeiterschaft zur Arbeit gerufen hat und als Feuerwachturm verwendet wurde, wird einmal im Jahr beklettert und rundherum wird ausgelassen gefeiert und gesungen. Beim „Rostfest", einem Festival im Sommer, das Generationen verbindet und Kunst, Spaß, Stadtbewohner und Konzerte sowie ein buntes Programm in den Ort bringt, scharen sich Besucher und Besucherinnen um den Schichtturm. Dann ertönen berühmte Melodien alter Schlager bei „Schlagergarten Gloria". Man hört *Itsy Bitsy Teenie Weenie Honolulu-Strand-Bikini,* während man auf der Wiese sitzt und die steirische Landschaft genießt. Der Bergzug gegenüber erinnert an einen liegenden toten Pfarrer und auch in anderen Bergspitzen kann man mit etwas Fantasie Figuren entdecken. Eine schöne Aussicht in Richtung Ortskern und Erzberg gibt es noch obendrauf.

TIPP

Bier aus der Brauerei Erzbergbräu.

- Schichtturm, Lindmoserstraße 14, 8790 Eisenerz, www.eisenerz.at www.rostfest.at
- ÖPNV: von Leoben Postbus 820, Haltestelle Eisenerz Tendlerstraße

# Geselliges Pilgern

15

## Rund um Mariazell

Menschen machen sich aus ganz unterschiedlichen Gründen auf den Weg. Manche suchen Antworten auf ihre Fragen oder brauchen eine Pause vom Alltagsstress, manche pilgern und wandern aus religiösen Motiven, manche sehen es sportlich und suchen die Bewegung an der frischen Luft, manche wollen einfach nur die Welt sehen. Seit Hunderten von Jahren pilgern einfache Menschen, aber auch Kaiser und Päpste unter anderem aus diesen Gründen zu einem der wichtigsten Wallfahrtsorte in Europa, nach Mariazell. Rund eine Million Menschen sind es jährlich. Man wird von dieser ganz besonderen Stimmung rund um den Ort sofort in den Bann gezogen. Je näher man der Basilika kommt, umso mehr wandernde und Rad fahrende Menschen tauchen wie plötzlich neben den Straßen und auf den Wegen auf. Entlang der Pilgerwege kommt man mit den Menschen ins Plaudern. Fast jeder ist freundlich und hilfsbereit. Man grüßt sich, man hilft sich, man zeigt Interesse an den Mitreisenden, und immer wieder beschließt man spontan, einen Teil des Weges gemeinsam zu gehen. In den Gasthäusern entlang der Pfade sitzt man oft an einem Tisch, und wenn der Gastraum voll ist, dann rückt man noch enger zusammen. So auch beim Gasthaus zur Wuchtlwirtin, wo die Reisenden aus aller Welt mit den fast weltberühmten „Wuchtl'n", einer köstlichen Nachspeise aus Germteig, verwöhnt werden. Viele Mitglieder des Hauses Habsburg, Kaiser und Erzherzöge, pilgerten nach Mariazell und unterstützten den Wallfahrtsort, das religiöse Zentrum Österreichs. Sie zeigten sich volksnah und trafen schon damals Pilger aus der ganzen Monarchie. Entlang der Wege rund um Mariazell geht man besonders leichtfüßig, und das nicht nur, weil man bald am Ziel ist, sondern weil die Gegend abwechslungsreich und voller Schönheit ist. Es scheint so, als möchte Mutter Natur in der letzten Etappe noch alles zeigen, was sie draufhat: Schluchten, glasklare Bäche, dichte Wälder, Felswände, Seen wie der schöne Hubertussee, Wasserfälle und Blumenwiesen, so weit das Auge reicht.

TIPP

Die Votivsammlung in der Schatzkammer der Basilika.

● Gasthaus „Zur Wuchtlwirtin", Walstern 18, 8630 Mariazell,
Tel. +43 (38 82) 22 35, +43 (6 64) 2 34 63 40, www.wuchtlwirtin.at

# Rostige Bibliothek

## 16 Stadtbibliothek Leoben

Leoben, die zweitgrößte Stadt der Steiermark, hat einiges zu bieten: eine schöne Altstadt mit „Schwammerlturm“ (der Turm hat die Form eines Steinpilzes), eine „Wurstsemmelbrücke“ (darauf haben die Arbeiterinnen gerne ihre Jause gegessen), das Café Styria über der Mur oder ein Einkaufszentrum in den Grundmauern und Gewölben eines alten Klosters. Das älteste bespielte bürgerliche Theater Österreichs, das Stadttheater Leoben, ist ein kulturelles Highlight bei einem Besuch der „Bergstadt“. Leoben ist Studentenstadt und Sitz der renommierten Montanuniversität. Und ein zweites altes Kloster hat in Leoben eine neue Funktion erhalten: In das ehemalige Jesuitenkloster sind das Kulturquartier Leoben, das Stadtmuseum und die nigelnagelneue Stadtbibliothek gezogen. Sie ist wirklich bemerkenswert, von der Beleuchtung bis hin zur Farbauswahl, von der Buchpräsentation bis zu den Sitzgelegenheiten. Die Architekten von INNOCAD haben wohl ein neues Wahrzeichen der Stadt geschaffen. Die Deckenbeleuchtung betont die alten Gewölbe des ehemaligen Jesuitenklosters und wirkt gleichzeitig futuristisch. Man fragt sich, warum man so eine Betonung von alten Mauern nicht schon vorher wo gesehen hat. Die Farben sind kein Zufall, sondern die Rot- und Brauntöne sollen eindeutig an Rost erinnern und damit an die Geschichte der Stadt und deren Rolle in der Eisenindustrie. Die Bücher sind nicht einfach in graue Regale gestapelt, sondern sie sind in Sitzmöbel integriert, und die Regale an der Wand sind bunt und verspielt und gewähren immer wieder interessante Perspektiven durch kleine Durchbrüche und Lücken. Die Sitzgelegenheiten sind einfach super: Polster-Leseecken, einladende Sessel und Bänke, großzügige Sitzecken und Lernmöglichkeiten, eine Terrasse und vertikale Balken, an die man sich neben den Bücherregalen bequem anlehnen kann. Was für eine gute Idee.

TIPP

Eine Stadtführung mit „Sophie the Guide“.

● Stadtbibliothek Leoben, Kirchgasse 6, 8700 Leoben, Tel. +43 (38 42) 4 06 23 08
www.leoben.at

● ÖPNV: Zug, Bahnhof Leoben

# Dom des Waldes

## 17 Auf der Hebalm

Die Steiermark, das „grüne Herz Österreichs", gilt als das waldreichste Bundesland. Über 60 Prozent der Fläche der Steiermark sind bewaldet. Es gibt Mischwälder und dunkle Nadelwälder, Auwälder an der Mur, Zirbenwälder hoch in den Alpen, alte Laubbäume und viele junge Bäumchen, sie alle machen die Steiermark so lebens- und besuchenswert. An der Grenze zu Kärnten, auf der Hebalm, kann man nicht nur winters wie sommers Sport treiben, sondern auch den steirischen Wald in einer ganz besonderen Form erleben. Der Dom des Waldes ist ein durch Holzstege in den Maßen des Mailänder Doms abgegrenzter Teil des Waldes. Und dieser Dom ist unvorstellbar groß. Man kann auf den Stegen den Grundriss entlanggehen und das architektonische Meisterwerk in der Natur nachempfinden. Doch statt goldenen Kerzenhaltern gibt es Schwarzbeersträucher (Heidelbeersträucher), mit Spinnweben dekoriert. Statt Heiligenbilder bewundert man hier die Sonnenstrahlen, die durch das dichte Blätterdach fallen. Die Schatten am Waldboden schaffen wunderschöne Muster. Statt Chorale und Orgelmusik hört man Vögel und das Rauschen des Waldes. Es riecht nicht nach Weihrauch, sondern duftet wunderbar nach Moos, Holz, Pilzen und Beeren.

TIPP
Über die Grenze ins Nachbarbundesland Kärnten hüpfen.

In der Mitte des Walddomes findet man um einen großen Felsen herum Holzbänke. Dieser Ort ist für Veranstaltungen oder Hochzeiten gedacht. Es erklangen hier auch schon klassische Musik des Styriarte Festivals oder Lesungen mit Oscar-Preisträger Maximilian Schell. An einer Seite sind die großen Portale des Mailänder Doms in Holz nachgebildet. So bekommt man noch einmal eindrucksvoll die Ausmaße dieses Bauwerks präsentiert, ebenso wie die der 80 Jahre alten Bäume des Waldes, die alles noch einmal überragen. Die bildenden Künstler Anne und Peter Knoll haben hier einen Ort der Geborgenheit geschaffen. Zum Dom des Waldes hat sie ein Zitat von Peter Rosegger inspiriert: *Der Dom kann nicht zum Wald werden, aber der Wald zum Dom.*

● Dom des Waldes, Pack 9451 Preitenegg, Tel. +43 (31 41) 22 07
www.steiermark.com

# Rosarotes Lebenselixier

## 18 Schilcherweinstraße

Papst Pius VI. reiste einst in die Steiermark und bekam zum Abendessen Schilcher-Wein kredenzt. Danach schrieb er schockiert: *Sie wollten uns mit rosarotem Essig vergiften, den sie Schilcher nannten.* Obwohl der Schilcher lange Zeit keinen guten Ruf genoss, gilt er heute als edler Tropfen und Lebenselixier der Weststeiermark, eine echte Spezialität. Er ist erfrischend, leicht, lässt sich mit vielen anderen Getränken kombinieren und gilt als i-Tüpfelchen in der steirischen Kulinarik. Er ist eine geschützte Marke und darf nur in dieser schönen Region gekeltert werden. Die blaue Wildbacherrebe ist eine alte Traubensorte, die die Reblaus überlebt hat und schon von den Kelten angebaut wurde. Der Name „Schilcher" kommt von der schillernden rosa Farbe, die jeden anblitzt, wenn man ins Glas hineinschaut. Aber bitte nicht zu tief hineinsehen. Wer die ganze Schilcherweinstraße abfahren will, nimmt sich einiges vor, denn am Weg liegen so viele schöne Plätze. Man kann von Ligist nach Stainz über Bad Gams und seine Heilquellen in Richtung Schloss Wildbach und Schloss Hollenegg fahren. In Stainz bietet es sich an, im Kaufhaus Hubmann einen hausgemachten Stainzer Kaffee zu genießen, denn es muss nicht immer Schilcher sein, der an der Weinstraße kredenzt wird. In St. Stefan ob Stainz ist man schon mittendrin im Schilcher-Land, das sieht und schmeckt man. In Deutschlandsberg kann man im Burgmuseum mehr über die Geschichte der Region erfahren, in Bad Schwanberg ein Heilmoorbad genießen und in Eibiswald das Kloepferhaus, das Museum für den Heimatdichter Hans Kloepfer, besuchen. Entlang der Straße gibt es unzählige traditionelle Holzhäuser, in denen Bäuerinnen und Bauern einen Ab-Hof-Verkauf und natürlich auch Verkostungen vor Ort anbieten. Die Leidenschaft der Winzer und Winzerinnen, die ihre Landschaft pflegen, innovativ sind und ihren Wurzeln und Traditionen dennoch treu bleiben, wird von Generation zu Generation weitergegeben. Würde Pius heute durch die Steiermark reisen, er würde bestimmt Lobeshymnen schreiben und sich nicht beschweren.

TIPP

Im Herbst unbedingt geröstete Edelkastanien zum Schilcher naschen.

- Schilcherweinstraße, Tourismusverband Südsteiermark, Hauptplatz 40, 8530 Deutschlandsberg, www.steiermark.com
- ÖPNV: Zug S6, Haltestelle Deutschlandsberg Stadt

# Baden wie die Kaiser

## 19 Bad Gleichenberg

Der kleine Ort Bad Gleichenberg in der Südoststeiermark, im Thermen- und Vulkanland, ist einer der ältesten Kurorte Österreichs und wurde regelmäßig von gekrönten Häuptern der Monarchie besucht. Denn egal ob Kaiser oder nicht, manchmal zwickt es wo im Körper, manchmal braucht man Erholung, gutes Wasser und frische Luft. Die Heilquellen wurden schon in der Antike genutzt, denn die Römer und Römerinnen waren Thermen-Fans. In der Biedermeierzeit gab es einen richtigen Sturm auf das Gleichenberger Heilwasser. Der historische Trinkbrunnen ist noch erhalten, bei dem auch Emmerich Prinz von Thurn und Taxis, Thronfolger Franz Ferdinand oder Kaiser Franz Josef I. und der Schriftsteller und steirische Heimatdichter Peter Rosegger sich ein Gläschen Wasser gönnten. Während man durch den Kurpark spazierte und an Trinkkuren teilnahm, wurde man von der Kurkapelle musikalisch begleitet, ein Service, den es auch heute noch ab und zu gibt. Im Gebäude des Trinkbrunnens befindet sich jetzt das Curmuseum. Von der Erholung anderer Leute an diesem Ort zu lesen, genügt bereits zur Entspannung und trägt zur Heilung bei. Ganz zu schweigen davon, wenn man sich zum Baden in das Thermalwasser stürzt. Das Wasser kommt aus der Mariannenquelle mit 24 °C und der Maxquelle mit 40 °C. Die Therme ist ein Ort der Ruhe. Rutschen und Trampoline findet man hier nicht, sondern eher inneren Frieden. Das Curmuseum steht im Kurpark, in dem uralte Bäume und einige Exoten zu finden sind. Die fühlen sich hier aufgrund des warmen Klimas und des guten Bodens offensichtlich sehr wohl, wie auch die Besucher und Besucherinnen. Man „lustwandelt“ unter dem dichten Blätterdach, auf den Promenaden, zwischen 15.000 Blumen, und man kann hier 20 Hektar Park erforschen, wenn man das möchte. Erwähnenswert ist, dass für den Bau der Therme nicht ein Baum gefällt wurde, sondern die Gebäude rund um die Bäume herumgebaut wurden.

TIPP

Anfang Juni findet alljährlich das Biedermeier-Fest statt.

- Kurpark, 8344 Bad Gleichenberg, Tel. +43 (31 59) 22 03
www.bad-gleichenberg.gv.at
- ÖPNV: Regionalbus 409, Haltestelle Bad Gleichenberg Villa D'Orsay, Regionalbus 416, Haltestelle Bad Gleichenberg Bahnhof

# Am Grazer Hausberg

## 20 Der Schöckl

Der Grazer Hausberg ist praktischerweise ab dem Grazer Jakominiplatz stündlich mit der Buslinie 250 zu erreichen. Der Bus fährt hinauf bis zum Schöcklkreuz auf über 1000 Meter Seehöhe. Also Achtung, denn in Österreich ist man davon überzeugt, dass über 1000 Meter andere Gesetze gelten. Man ist selbstverständlich per Du, eine „Etepetete"-Einstellung, Starallüren und Mimöschen haben hier nichts verloren. Hier wird „schoaf gschnapst", das bedeutet, dass strengere Regeln beim Kartenspielen gelten. Man lässt sich von Einheimischen die strengeren Regeln erklären und wagt eine Runde, doch dann könnte der Ausflug etwas länger dauern. Die Österreicher sind und bleiben Alpenbewohner mit teilweise schrulligen Angewohnheiten. Am Schöckl trifft man viele Grazer und Grazerinnen, die hier die Almluft und die Natur genießen, ohne stundenlange Wanderungen auf sich nehmen zu müssen. Am Schöckl ist zu jeder Jahreszeit etwas los, kein Wetter kann die eingefleischten „Schöcklgeher" aufhalten. Je nachdem wie sportlich man sich fühlt, kann man entweder die gemütlicheren Wanderwege wählen, die steilere Lifttrasse hinaufgehen, mit dem Mountainbike fahren, die Seilbahn nehmen oder einen der geheimen Wege querfeldein erforschen, auch „geile Wege" genannt. Oben angekommen wird man mit einer wunderbaren Aussicht belohnt. Der Duft von Alpenkräutern oder die Einkehr in die Almhütte kann ein unbeschreibliches Wohlgefühl hervorrufen. Wer sich einen Adrenalinkick bei der Sommerrodelbahn, dem Downhill-Fahren oder beim Paragleiten holen will, wird hier oben auch zufrieden sein. Mountainbiken kann man das ganze Jahr auf der Schöckl-Downhill-Strecke. Ein Riesenspaß ist es, eine Runde Disc Golf, also Frisbee, zu spielen oder Holzkugeln auf der Kugelbahn nachzulaufen. Auf der Südseite des Schöckls erstreckt sich das Grazer Becken und die Stadt Graz, auf der Nordseite das sogenannte Almenland, ein wunderschöner Ausblick.

TIPP

Silvester am Schöckl verbringen.

- Schöckl Seilbahn, Schöcklstraße 23, 8061 St. Radegund, Tel. +43 (31 32) 23 32
  www.holding-graz.at/de/freizeit/schoeckl
- ÖPNV: Regionalbus 250, Haltestelle St. Radegund Seilbahn oder Schöcklkreuz

# Bummelzugfahrt

## 21 Stainzer Flascherlzug

Bevor man sich auf diese Zugreise begibt, sollte man sich die Geschichte zum Namen „Flascherlzug" erzählen lassen: Es gab in dieser Gegend einen Wunderheiler, den Höller Hansl, zu dem die Menschen von weit her pilgerten, um ihn um Rat zu fragen. Er konnte sagen, an welcher Krankheit sie litten, indem er ihren Urin betrachtete und daran roch. Mit Flaschen mit Urin im Gepäck fuhren die Menschen mit der kleinen Dampfbahn zu ihm, daher bis heute der Name „Flascherlzug". Urin wird schon lange nicht mehr transportiert, Menschen klein und groß mehr denn je. Die Schmalspurbahn wird noch mit Kohle betrieben und fährt von Stainz nach Preding und wieder zurück. Diese Fahrt ist ein wahres Erlebnis! Es klirren die Gläser, denn während der Fahrt werden Schilcher Wein und alkoholfreie Erfrischungen kredenzt. Ein Musikant spielt die Steirische Knopferlharmonika und singt das Lied vom Höller Hansl, zumindest die jugendfreien Strophen, oder das Lied vom „Steirischen Brauch". Ein netter Herr erzählt geduldig interessierten Gästen die Geschichte der Bahn und die Geschichte der Menschen aus der Umgebung, macht ein paar Komplimente an die Damen und prostet den Herren zu. Dann spaziert er weiter in den nächsten Waggon. Die Bahn fährt so langsam, dass man immer wieder von Radfahrern überholt wird. Auf den schönen alten Holzbänken sitzend, den Fahrtwind im Gesicht, mit Blick auf die Blumenwiesen der Weststeiermark, zwischendurch ertönt das alte Signal des Zuges, Einheimische, an deren Gärten man vorbeituckert, winken – so lässt es sich leben. Eine Zugfahrt war kaum gemütlicher. Natürlich geht es nicht darum, so schnell wie möglich von A nach B zu kommen, der Weg ist das Ziel, und Zeit spielt hier keine Rolle, wenn man sich in den alten Zug setzt. Eine Tafel im Wagen schreibt sehr passend: *Blumenpflücken während der Fahrt verboten.*

TIPP

Die Ölmühle für Kürbiskernöl Herbersdorf liegt direkt an der Flascherlzug-Strecke.

- Stainzer Flascherlzug, Bahnhofstraße 28, 8510 Stainz, Tel. +43 (34 63) 22 30 www.flascherlzug.at
- ÖPNV: Regionalbus 760, Haltestelle Stainz Hauptplatz

Blumenpflücken
während der Fahrt
verboten!
Der Aufenthalt auf den Plattformen
ist verboten!
Eltern haften für ihre Kinder!
2
5

# Von Katzen und Mäusen

## 22 Johanneskapelle Pürgg

Bei einem Ausflug nach Pürgg sollte man sämtliche Extrafilmrollen mitnehmen, alle Geräte sollten aufgeladen und bereit sein, die Malstifte gespitzt oder ganz einfach die Sinne geschärft, denn hier gibt es einiges zu sehen und zu erleben. Dieser kleine Ort liegt malerisch zwischen Almen und Kuhwiesen am Berg mit Blick auf den spektakulären Grimming. Viele Sagen ranken sich um diesen Berg Grimming, dessen Spitze oft von Wolken verdeckt wird und von dem man früher meinte, er müsse daher der höchste Berg der Welt sein. Im Ort Pürgg gibt es viele alte Holzhäuser, gepflegte Gärten. Ein gutes Hotel und Gastronomie haben dem Ort neues Leben eingehaucht. Die bemerkenswerteste Sehenswürdigkeit des Dorfes ist die Johanneskapelle. Nach einem kurzen Gehweg erreicht man die kleine Kapelle mit einer sensationellen Aussicht. Die romanische Architektur ist in Österreich nur selten zu finden. Sie wurde 1350 das erste Mal urkundlich erwähnt, könnte aber schon viel älter sein und der Rest einer Burg des Geschlechtes der Traungauer. Der mittelalterliche Bildzyklus ist ein Unikum der romanischen Malerei. Den Altarraum zieren unter anderem altarabische Schriftzeichen, das Wort Allah ist einige Male zu erkennen. Gleich nach dem Eintreten auf der rechten Seitenwand findet man die Darstellung des berühmten Katzen-und-Mäuse-Krieges. Die Bedeutung ist in der Kunstgeschichte nicht eindeutig geklärt: Eine Festung ist gut zu erkennen und bewaffnete Katzen- und Mäuse-Armeen. Die Burg versinnbildlicht das Christentum. Der Krieg symbolisiert den Kampf zwischen dem Bösen und Guten. Der ungleiche Kampf galt als Metapher für eine verkehrte Welt. Die kleinen und schwachen Mäuse standen für die Verteidiger des Glaubens, die Katzen für die Obrigkeit. Im ganzen Innenraum kann man Bibelszenen, Stoffmuster und Ornamente, pflanzliche Formen und auch den Stifter Ottokar III. sehen. Die Kapelle ist wunderschön schlicht und einfach.

**TIPP**
Das Freibad von Pürgg ist das schönste weit und breit.

- Johanneskapelle Pürgg, 8951 Pürgg, Führungen von Herrn Alois Perl, Tel. +43 (6 64) 5 15 11 08, www.stainach-puergg.gv.at
- ÖPNV: Pürgg Bahnhof, 40 Minuten zu Fuß oder Bus 950, Haltestelle Pürgg Abzw. Ort

# Dorfleben

## 23 Handwerksdorf Rassach

In der wunderschönen Hügellandschaft der Weststeiermark, nicht weit von der Schilcherweinstraße und Stainz, befindet sich das kleine Dorf Rassach. Es ist ein traditionelles steirisches Dorf, das sich sein schönes Ortsbild mit vielen weststeirischen strohgedeckten Steilgiebelhäusern bewahrt hat. Irgendetwas muss hier im Wasser sein oder in der Luft, denn der Ort sprudelt nur so vor Kreativität. In fast jedem Häuschen werden Antiquitäten, Schmuck, Kunst, Geschirr, Möbel, Gartendekorationen, Kuriositäten, echte Schätze und viele Köstlichkeiten aus der Region verkauft. Alles ist geschmackvoll hergerichtet, in den Stuben, aber auch draußen in den Bauerngärten. Neben Blumen und Kräutern sind die Gärten mit Keramik und bunten Vogelhäuschen dekoriert, sie sind Gärten und Schaufenster zugleich. Die Häuser sind nicht nur Verkaufsflächen, sie werden bewohnt. Während man in der Küche in Kunsthandwerk stöbert, „jausnet" der Hausherr sein Verhackert-Brot nebenan am Küchentisch, das ist in Rassach ganz normal. Einige Familien haben sich auf den Verkauf von schönen und guten Dingen für Leib und Seele spezialisiert. Direkt aus der Umgebung kommen Kürbiskernöl, Kastanien, Schilcherwein, Obst und Gemüse, Brot und Aufstriche, alles, was man für eine typische Steirer-Jause, sprich eine „Brettljause", benötigt. Ab-Hof-Verkauf bedeutet, dass man direkt am Bauernhof die selbst hergestellten Produkte kaufen kann. Frischer und regionaler geht es nicht. An vielen Straßen und Wegen kommt man immer wieder an kleinen Hütten oder Tischen vorbei, die als Nahversorger dienen. Manchmal steht da einfach nur ein Sessel mit einem Korb Äpfel und einem Preisschild. Sie kommen ganz ohne Verkaufspersonal aus, und man vertraut darauf, dass Kunden und Kundinnen den richtigen Betrag in die Kassen werfen. Das funktioniert gut in Rassach. Das ist im Rest der Welt nicht immer selbstverständlich.

TIPP

Die 68 Kapellen, Bildstöcke und Wegkreuze der Umgebung.

- 8510 Rassach, Tel. +43 (34 63) 40 60, www.schilcherland.at
- ÖPNV: Bus 761, Haltestelle Rassach Ort

# 900 Jahre Geschichte

## 24 Stift Rein

Wer die Steiermark erforschen und entdecken möchte, muss sich auch mit der steirischen Geschichte beschäftigen, zugegeben eine Lebensaufgabe. Ein Ort, an dem Geschichte geschrieben wurde, ist das älteste noch bestehende Zisterzienserstift der Welt, das Stift Rein unweit von Graz. Es wurde 1129 von Leopold dem Starken aus dem Geschlecht der Traungauer oder Otakare aus Steyer gegründet. Diese Familie war für einige Zeit das mächtigste Geschlecht in der Steiermark, und die Steiermark trägt nicht zufällig den Namen des Regierungssitzes in Steyer. Otakar IV., der durch eine Krankheit keine Nachkommen erwarten konnte, überließ in den Georgenberger Handfesten 1186 dem Babenberger Herzog Leopold V. von Österreich seine Ländereien. Seitdem war die Steiermark untrennbar mit Österreich verbunden. Sein Sohn Leopold VI. starb in der Schlacht gegen die Ungarn, und kurz darauf starben auch die Babenberger im Mannesstamm aus. Die Familie Habsburg trat die Nachfolge an. Im Reiner Schwur vom 19.9.1276 schlossen sich die wichtigsten Adelsfamilien der Steiermark und Kärntens dem römisch-deutschen König Rudolf I. von Habsburg an. Dies geschah hier im Stift Rein. Bis 1918 waren die Kaiser des Deutschen Reiches aus dem Haus Habsburg und ab 1804 die Kaiser von Österreich Herzöge der Steiermark und damit verantwortlich für das Schicksal der Steirer. Im Stift Rein kann man neben dem imposanten Klostergebäude und der barocken Stiftskirche die Gräber von Herzog Ernst dem Eisernen aus dem Hause Habsburg und von Markgraf Otakar III. besuchen. Natürlich ist auch dieses Stift eine Pilgerstation. Möchte man es den Pilgern gleichtun, dann bietet sich der Weg zur nahe gelegenen Wallfahrtskirche Maria Straßengel an, deren Grundstein 1346 von Otakar III. gelegt wurde. Die Kirche ist wahrscheinlich die älteste Wallfahrtsstätte der Steiermark. Sie gilt heute als ein Meisterwerk der österreichischen Hochgotik, inspiriert vom Wiener Stephansdom. Die 147 Kirchenfenster aus dem 14. Jahrhundert sind erhalten und bilden die größte Ansammlung aus dieser Zeit in der Steiermark.

TIPP
Das älteste erwähnte Gebäude in Graz: der Reinerhof.

- Stift Rein, Rein 1, 8103 Gratwein Straßengel, Tel. +43 (31 24) 5 16 21
  www.stift-rein.at
- ÖPNV: Bus Linie 110, Haltestelle Marterkreuz

# Pilze, Pilze, Pilze

25

## Rund um die Knödelhütte

Die steirischen Wälder sind gesegnet mit Kostbarkeiten, die man für den Eigengebrauch pflücken darf: Im Frühling kommen die sogenannten Maiwipferl, die jungen Triebe der Tannen, aus denen sich Sirup herstellen lässt. Im Sommer wachsen Schwarzbeeren oder Blaubeeren, die sich zu Marmelade und Mehlspeisen weiterverarbeiten lassen oder einfach direkt vom Strauch genossen werden können, im Spätsommer und Herbst wachsen die kleinen Delikatessen, auf die alle gewartet haben, die Schwammerl und Pilze. Während die Eierschwammerl oder auf Hochdeutsch Pfifferlinge durch ihre gelbe Farbe leichter zu entdecken sind, gilt die Suche nach Steinpilzen, also Herrenpilzen, und nach Parasolen schon als Königsdisziplin. Im ganzen Land ist außerdem bekannt, dass die Schwammerljäger und -jägerinnen ihre Plätze nicht verraten, dass man die Pilze nicht züchten und schon gar nicht kontrollieren kann. Sie tauchen jedes Jahr auf anderen Plätzen auf und sorgen immer wieder für Überraschungen. Auf einem Wanderweg einen Pilz oder ein Schwammerl zu finden, ist ein echter Glücksmoment. Sogar die giftigen Pilze im Wald zu entdecken ist schön, denn ein Fliegenpilz ist doch ein tolles Fotomotiv. In der Schwammerlzeit duftet der Wald ganz besonders gut, man muss also eigentlich nur der Nase nachgehen. Sollte man einmal weniger Erfolg haben, dann darf man sich auch auf das Glück anderer verlassen und darauf hoffen, dass Schwammerl und Pilze an die Knödelhütte geliefert wurden. Das ist eine idyllische Hütte im Grenzland zwischen der Steiermark und Kärnten. Sie ist nur in den warmen Monaten bewirtschaftet. Dort werden Pilze zu den besten steirischen Spezialitäten, wie dem berühmten steirischen Schwammerlgulasch mit Knödeln, zubereitet. Unabhängig davon, ob die Schwammerl wachsen oder nicht, gibt es den Schweinsbraten mit Knödeln, eine steirische Köstlichkeit, die dort am Tischherd zubereitet wird. Kürzere und längere Wanderwege winden sich um die Hütte, die auf rund 1400 Meter Seehöhe gelegen ist.

TIPP

Steirische Nachspeisen wie Spagatkrapfen, Buchtl oder Schwarzbeerschmarrn kosten.

- Knödelhütte Oberauerling 33, 9451 Preitenegg, Tel. +43 (6 64) 2 44 96 43
- ÖPNV: Postbus, Haltestelle Packsattel/ Passhöhe, Mast 2, dann mit dem VOmobil

# Die dicke Oachn

## 26 Tausendjährige Eiche bei Blumau

Eine einzige Eiche wirft im Schnitt eine Million Eicheln ab, die fast alle keimen und das Potenzial in sich tragen, zu großen Bäumen heranzuwachsen. Das alles klingt wie ein Wunder, wenn man bedenkt, dass dieser Baum in Bad Blumau aus einer dieser Eicheln gewachsen ist, und das vor mehr als 1000 Jahren. Der Platz strotzt vor Superlativen, denn die Eiche, im Ort „die dicke Oachn" genannt, ist wahrscheinlich die älteste Eiche Europas. Es übersteigt unsere Vorstellungskraft, was sie schon alles erlebt haben muss. Als sie gekeimt hat, gab es noch das Byzantinische Reich. Es war die Zeit der Kreuzzüge, Heinrich Barbarossa wurde vor ca. 1000 Jahren geboren, und Ottokar II., Markgraf in der Steiermark, starb 1022. Wie viele unterschiedliche Herrscher der Steiermark sie wohl erlebt hat? Wie viele Gewitter und Blitze sie wohl überstanden hat? Und wie viele glückliche Menschen sich in 1000 Jahren an ihre Wurzeln geschmiegt haben? Für wie viele Tiere sie ein wichtiger Lebensraum und eine Nahrungsquelle war? Über 50 Generationen hielten unter ihrem Blätterdach Verhandlungen ab, denn hier war der Treffpunkt für die Menschen der Umgebung. Neben dem Baum wurde getanzt, gefeiert und gespielt, und jede dieser 50 Generationen hat sie geschont und geliebt und sich nicht dafür entschieden, sie zu fällen. Es benötigt sieben Personen, um ihren gewaltigen Stamm zu umringen, und so wird sie auch heute noch regelmäßig umarmt und liebkost, bewundert und verwöhnt. Ein Baumchirurg hat ihr in den 1980er-Jahren das Leben gerettet, und seitdem kümmert sich das ganze Land, wenn es sein muss, um diese alte Dame. Möge sie noch weitere 1000 Jahre hier stehen und uns Menschen daran erinnern, wie winzig wir doch eigentlich sind. Unser Leben ist nur ein Wimpernschlag im Leben einer tausendjährigen Eiche. Es tut uns allen gut, die Kraft und die Macht der Natur zu spüren, und wir sollten uns anstrengen, diese Wunder zu erhalten.

TIPP

Die Therme Rogner Bad Blumau gestaltet von Friedensreich Hundertwasser.

- Eichenweg 44, 8283 Bad Blumau, www.steiermark.com
- ÖPNV: Bus Linie 485, Haltestelle Bierbaum/Safen Ort, 20 Minuten Fußweg

# Werde zum Kunstmäzen

## 27 Art Machine Pöllau

Kunstwerke zu sammeln und Künstler und Künstlerinnen zu fördern, ist eigentlich ein Hobby, das sich oft nur die Reichsten leisten können. Nicht so in Pöllau. Man kommt nach Pöllau aus ganz unterschiedlichen Gründen: Weil man gerne Hirschbirnen nascht, den Naturpark Pöllauer Tal genießen will, weil man sich auf einer Pilgerreise befindet oder aber weil man gerne einen Ferrari sehen möchte. Andere wollen mehr über Physikgeschichte und den Nobelpreisträger Victor Franz Hess erfahren, und einige holen sich mal schnell ein Kunstwerk. Vor einigen Jahren hat man hier auf Initiative von Styrian Summer Art und nach der Idee der Kunst- und Biobäuerin Carmen Dreier-Zwett einen alten Zigarettenautomaten umgebaut. Der befindet sich mitten in der schönen Pöllauer Altstadt, unweit der Basilika. Er wurde außen neu vom Künstlerkollektiv „das Voyeur" gestaltet und ist jetzt ein echter Hingucker. Hier bekommt man Miniaturkunstwerke in eigens designten Zigarettenpackungen: Fotografien, Drucke, Schmuck, Zeichnungen, Malerei oder sogar Musik. Man wirft einen kleinen Betrag in den Automaten, zieht eine der Laden heraus und erhält ein Kunstpaket. Alle Kunstwerke sind Unikate und handsignierte Originale. Eine ganz andere Art von Kunst, nämlich Barocker Prunk, den man nicht mitnehmen kann, aber jederzeit bestaunen darf, befindet sich in der Basilika von Pöllau, die auch „Steirischer Petersdom" genannt wird. Sie ist die größte barocke Kirche der Steiermark und hat denselben Grundriss wie der Petersdom in Rom. Die Kirche und das Schloss, ehemals ein Stift, stecken voller Kunst und mit dem Sitz des Europäischen Zentrums für Physikgeschichte voller Wissen. Es kann hier in der Gegend jedenfalls sehr leicht passieren, dass man zum Kunstsammler wird, und dafür muss man nicht viel Geld ausgeben. Zweimal zwei Euro kostet die Kunst. Das ist billiger und gesünder als eine Schachtel Zigaretten.

TIPP

Die Konditorei Ebner mit handgemachtem Lebkuchen und Hirschbirn-Torte.

● Art Machine, der kleinste Kunstraum der Oststeiermark, Hauptplatz, 8225 Pöllau, Tel. +43 (6 64) 5 40 42 89, www.styriansummerart.at
● ÖPNV: Bus 342, Haltestelle Pöllau Schlosszwinger

Um 2x2 Euro erhalten Sie ein Päckchen mit einem originalen Miniatur-Kunstwerk.
For 2x2 Euro you will receive a package with an original miniature artwork.
Styrian Summer Art, www.styriansummerart.at, +43 (0) 664 540 47 89
2x2 €
Automat nimmt nur 2 Euro Münzen! Betrag bitte genau einwerfen!
100% Kunst
ArtMACHINE

# Waldbauernbub

## 28 Peter Roseggers Waldheimat

Er ist einer der bedeutendsten Schriftsteller Österreichs, ein Dichter und Naturbursch, der in ärmsten Verhältnissen aufgewachsen ist. Er hat immer einen kritischen Blick auf Religion, Gesellschaft und Staat geworfen und war sogar gleich dreimal für den Literaturnobelpreis nominiert, das ist Peter Rosegger. Er wuchs in bescheidenen Verhältnissen auf, als Bauernbub, der nicht oft zur Schule gehen durfte, dessen Familie und Umgebung weitgehend Analphabeten waren, und dennoch wurde sein Talent entdeckt und er war schon zu Lebzeiten ein gefragter und erfolgreicher Schriftsteller und Journalist. Sein Geburtshaus, der Kluppeneggerhof, ist ausschließlich zu Fuß zu erreichen, doch der Spaziergang lohnt sich. Auf diesem Bauernhof mit Rauchkuchl und kleinen Fenstern, ohne Strom und Wasseranschluss, ohne Heizung, wuchs Peter Rosegger auf, und dort ließ er sich von der Landschaft, vor allem aber durch die Menschen in seiner Umgebung inspirieren. Peter Rosegger nannte diesen für ihn so wichtigen Platz „Waldheimat". Nach zahlreichen Ausbildungen, Reisen und einer steilen Karriere kehrte er immer wieder in diese Gegend zurück. Hier kann man erahnen, warum ihm dieser Ort bis zum Lebensende so wichtig war. Das bäuerliche Leben war einfach, voller Entbehrungen, und dennoch waren die Menschen im Einklang mit der Natur zufrieden. Er schrieb: *Nur der Einsame findet den Wald, wo ihn mehrere suchen, da flieht er, und nur die Bäume bleiben zurück.* Heute kann man das alte Bauernhaus und die Ställe besichtigen, es gehört zum Universalmuseum Joanneum. Das Bett, in dem Peter Rosegger geschlafen hat, ist sogar im Original erhalten. Andere Möbel und Teile des Hauses wurden nachgebaut und auf den Grundmauern wiedererrichtet. Die kleine Holzhütte, wo es Jause und steirische Spezialitäten, rotes Kracherl und Mannerschnitten gibt, ist ebenfalls sehenswert. Das ganze Ensemble wirkt wie aus einer Österreichwerbung. Einfache Architektur, einfache Speisen und Getränke erwecken bei jedem und jeder ein „Waldheimat-Gefühl".

**TIPP**

Das Museum in Krieglach und Roseggers Waldschule.

● Peter Rosegger Geburtshaus, Alpl 42, 8671 Alpl, Tel. +43 (38 55) 23 75
www.rosegger-geburtshaus.at

# Malerische Skyline

## 29 Idyllisches Örtchen Straden

Von Weitem sichtbar thront das kleine Dorf Straden auf einem schroffen Felsen mitten im südoststeirischen Hügelland. Es ist das Europaschutzgebiet Nr. 14, liegt also mitten in einer Kulturlandschaft. Diese Gegend wird auch „Vulkanland" genannt oder die „Speisekammer der Steiermark". Das kann also kein schlechter Flecken auf Erden sein. Der Blick auf Straden ist fast noch schöner als die weite Sicht von den Dorfmauern herab. So malerisch die Kirchtürme von Straden von Weitem sind, so zahlt sich ein Besuch allemal aus. Die markante Skyline des Dorfes ist durch seine drei Kirchtürme gekennzeichnet. Insgesamt hat Straden jedoch vier Kirchen. Die Unterkirche unter der Sebastianikirche besitzt baubedingt keinen eigenen Kirchturm. Sankt Maria am Himmelsberg wurde um 1500 errichtet und war eine wichtige Wallfahrtskirche. Nur kurze Zeit später ließ die 1517 neu gegründete Sebastianibruderschaft die Doppelkirche St. Sebastian nur wenige Meter weiter erbauen. Als die Zahl der Gläubigen im Ort anstieg und immer mehr Wallfahrer nach Straden kamen, benötigte man eine weitere Kirche, so entstand die Kirche Sankt Florian. Die Stadt war umgeben von einer Stadtmauer und über Jahrhunderte schwer umkämpft ob ihrer wichtigen Lage im Grenzgebiet. Der Ort ist heute gepflegt, geschmackvoll dekoriert und restauriert. Den Bewohnern und Bewohnerinnen fehlt es an nichts, denn es gibt eine kleine Schule, einen Spielplatz mit einer Riesenrutsche, Aussichtsplattformen, Post, Bank, Hotel, Feuerwehr, sogar ein kleines Museum, die oben erwähnten vier Kirchen und nur geschätzte vier weitere Häuser. Es gibt eine Bibliothek, aus der jeder gegen eine freiwillige Spende Bücher nehmen darf und in die wiederum Bücher gespendet werden können. Kleine Ideen wie diese haben es geschafft, ein Dorfleben zu bewahren. Die Greißlerei bietet Köstlichkeiten aus dem Thermen- und Vulkanland. Besonders der Wein gedeiht auf diesem mineralischen Boden vortrefflich. Südlich am Hang vor der Kirche steht eine Libanonzeder. Dort sollte man noch eine Minute länger verweilen und genießen.

TIPP

Eine Jause und ein Glas Wein in der Greißlerei De Merin.

- 8345 Straden, Tel. +43 (34 73) 82 61, www.straden.gv.at
- ÖPNV: Bus 416, Haltestelle Straden Schule

# Kapelle unter Weintrauben

## 30 Weingärten von Schloss Kapfenstein

Das Schloss Kapfenstein sollte man aus ganz vielen verschiedenen Gründen besuchen. Da wäre zum ersten die sensationelle Aussicht. Bei schönem Wetter kann man auf der einen Seite bis zu den Julischen Alpen blicken, also quasi bis an die italienische Grenze, und auf der anderen Seite kann man bei klarem Wetter den Plattensee in Ungarn sehen. Alles dazwischen kann sich auch sehen lassen, denn das ist die Südsteiermark. Zweitens ist das Schloss sehr schön, es wirkt fast ein wenig mediterran, nicht zu pompös, sondern heimelig und familiär. Es beherbergt ein Restaurant und ein Hotel und ist eine beliebte Location für Hochzeiten, Geburtstage, Taufen, meistens für schöne und glückliche Anlässe. Ein weiterer Grund dafür, den Kapfenstein zu erklimmen, ist die kleine Herz-Christi-Kapelle mitten im Weingarten, zu der man nach einem kurzen Spaziergang, ein paar Minuten durch den Laubwald und durch den Weingarten, gelangt. Sie ist mit Holz-Schindeln bedeckt und kann für private Feiern gemietet werden. Nebenan befindet sich ein Grabstein mit einer interessanten Geschichte über Sehnsüchte und Heimat, die man sich von der Familie Winkler-Hermaden erzählen lassen sollte. Für den Weg kann man sich übrigens einen Picknickkorb mit einem berühmten steirischen Backhendl und natürlich mit einer guten Flasche Wein befüllen lassen, es gibt eine Rutsche in den Weingarten und schattige Obstbäume, Wege durch kleine Waldstücke, und so vergeht der Spaziergang zur Kapelle in Windeseile. Und schlussendlich geht es hier auch darum, der Familie Winkler Hermaden einen Besuch abzustatten. Seit Generationen gehört der Familie das Schloss und das gleichnamige Weingut. Dieses ist seit vielen Jahren ein Bioweingut und war damit ein Vorreiter und Trendsetter in der Steiermark. Sollten die Tore zum Restaurant geschlossen sein, dann wird man am Kogel trotzdem bestens verköstigt, aus Gourmet-Automaten.

TIPP

Die Advent-Abende im Schloss.

- Schloss Kapfenstein, Kapfenstein 1, 8353 Kapfenstein, Tel. +43 (31 57) 30 03 00 www.schloss-kapfenstein.at
- ÖPNV: Bus 409, Haltestelle Kapfenstein Nord, ca. 30 Minuten Fußweg

# Äpfel für den Kaiser

## 31 Haus des Apfels

Wir kennen zahlreiche Lebensweisheiten über den Apfel wie etwa: *An apple a day keeps the doctor away.* Der Apfel ist unangefochten das Lieblingsobst in Österreich, und auf die steirischen Äpfel ist man richtig stolz. Schon Kaiser Franz Josef soll jeden Tag einen gegessen haben und davor soll er sicherheitshalber gefragt haben: *Kommt der Apfel wohl aus Puch?* Gemeint war Puch bei Weiz, die Apfelhauptstadt an der Apfelstraße. Der Kaiser erfreute sich bis ins hohe Alter guter Gesundheit. Das steirische Klima trägt dazu bei, dass der Apfel ein richtiger Exportschlager geworden ist und in die ganze Welt verkauft wird. Im Herbst genießt man in der Steiermark warme, sonnige Tage und kalte Nächte. Dieser Temperaturunterschied und der gute steirische Boden sind so wichtig für den Geschmack und auch für die Farbe der steirischen Äpfel. Die verschiedenen Sorten haben die schönsten Namen: Gala, Kronprinz Rudolf, Golden Delicious, Jonagold, Evelina oder Topaz, ihr Geschmack reicht von sauer bis süß. Die Äpfel werden einfach vom Baum gegessen, am Markt oder bei den Apfelbauern ab Hof verkauft. Sie werden zu Apfelkuchen, Most, Säften, Apfelstrudel, Schnaps, Marmelade oder zu knusprigen Apfelringen verarbeitet. All diese Bilder, die nun im Kopf entstehen, machen richtig Gusto auf einen Apfel. Wer mehr über den Apfel erfahren und alles rund um den Apfel verkosten und erleben möchte, der sollte dem Haus des Apfels in Puch bei Weiz einen Besuch abstatten. Zu jeder Jahreszeit kommt man hier in einen Rausch von Farben und Aromen. Die zwei Highlights im Jahr sind das Apfelblütenfest Ende April und der Apfelstraßenherbst, da gibt es Führungen, Wanderungen, Verkostungen und natürlich viele Möglichkeiten, Äpfel zu kaufen. Besonders viel von der Landschaft sieht man, wenn man das Auto stehen lässt und mit dem kultigen Puch-Fahrrad (einst produziert in den Puch Werken in Graz) anreist.

**TIPP**

Eine Apfelmassage in der Heiltherme Bad Waltersdorf.

- Haus des Apfels, Harl 25, 8182 Puch bei Weiz, Tel. +43 (31 77) 31 17, oder Verein Steirische Apfelstraße, Tel. +43 (31 77) 22 22, www.apfelstraße.at
- ÖPNV: Bus 230, Haltestelle Hart-Puch Abzw. Harl, 9 Minuten Fußweg

Haus
des
APFELS
Mostschank
KELZ

# Ohne Ecken und Kanten

32

## Hundertwasserkirche

Friedensreich Hundertwasser Regentag Dunkelbunt, im bürgerlichen Namen Friedrich Stowasser, ist einer der bedeutendsten Künstler Österreichs. Sein Stil, egal ob auf Bildern, Skulpturen oder Bauwerken, ist unverkennbar. Man findet keine geraden Linien, keine Symmetrie und keine Eintönigkeit in seinen Werken. Hundertwasser steht für Farbe, für Schwung und bunte Formen und für Kunst im Einklang mit Natur. Auch in der Weststeiermark kann man seinen bunten Linien folgen. Die Bärnbacher Pfarrkirche St. Barbara wurde in den 1980er-Jahren von Hundertwasser umgestaltet. Die ursprünglich schlichte Kirche wurde außen in eine bunte, lebensfrohe Architektur gehüllt, während ihr harmonisch reduziertes Inneres zur Ruhe und Einkehr führt. Eine große goldene Kuppel am Turm, Punkte am Dach, Uhren und bunte Keramikkacheln lassen die Kirche zu einem Blickfang werden. Um die Kirche herum führt ein Prozessionsweg mit zwölf bunten Torbögen. Auf den Bögen findet man Symbole aller Weltreligionen und Kulturen ferner Länder. Vom „Christentor“ über Afrika und Ozeanien bis zum Judentum, Islam und Konfuzianismus bis hin zu dem Tor der „Nichtglaubenden und Suchenden“, das als einziges Tor von keinem Zeichen geschmückt wird. Dieser Weg steht für Ökumene, Toleranz und Weltoffenheit, Werte, die Hundertwasser zeit seines Lebens sehr wichtig waren. Rund um die Kirche winden sich kurvige Wege, liegen kleine Hügel und befinden sich Gruben. Es bedarf einer gewissen Achtsamkeit, dort zu spazieren. In Bärnbach findet man Kunst im öffentlichen Raum auch abseits der bekannten Hundertwasserkirche. Ein Werk des Vertreters der Wiener Schule des fantastischen Realismus, der „Mosesbrunnen“ von Ernst Fuchs, ist nicht weit weg. Der Brunnen zeigt biblische Motive und wurde aus Materialien, die für die Umgebung stehen und an die Industriegeschichte erinnern, gebaut, wie Dutzende Steine aus dem Kohletagbau, Kieselsteine und Glasmosaiksteine.

TIPP

Die Therme Nowa und der Ort Köflach.

- Pfarrkirche St. Barbara, Piberstraße 15, 8572 Bärnbach, Tel. +43 (31 42) 62 59 81 www.baernbach.gv.at
- ÖPNV: GKB Zug, Haltestelle Bärnbach, 26 Minuten Fußweg

# Kunst im Laubdorf

## 33 Zu Besuch im Greith Haus

Ein von innen bis außen und rundherum bemerkenswertes Gebäude an einem unvergleichlichen Ort ist das Greith Haus in St. Ulrich im Greith. Mitten im ländlichen Raum, an der Schnittstelle unterschiedlicher Regionen bzw. Länder, nämlich an der Grenze zu Slowenien und an der Grenze zu Kärnten, befindet sich dieses Zentrum für Kunst. Die Umgebung und der Ort spielen eine wichtige Rolle im Konzept des Hauses. Jede Mitgliederkarte für Vereinsmitglieder wurde zum Beispiel von einem Kind der Volksschule St. Ulrich gestaltet und ist somit ebenfalls ein Unikat und Kunstwerk. Ausstellungen, Präsentationen, Konzerte, Lesungen, Theater gehören zu den Ereignissen, die hier jedes Jahr Kunstinteressierte aus aller Welt anlocken. Auch das Gebäude selbst ist einen Besuch und einen genauen Blick wert, denn das Haus wurde von dem Architekten-Paar der Grazer Schule der Architektur, Szyszkowitz-Kowalski, geplant. Es wurde in den Hang gebaut und hat einen roten Anstrich, angelehnt an den berühmten Roséwein Schilcher, der hier in der Gegend heimisch ist. Der Innenraum besteht vorwiegend aus Holz und Glas. Die Idee für das Haus als Kunstzentrum stammt von dem Literaten Gerhard Roth. Der Künstler Hermann Nitsch meinte einmal zu einer Ausstellung hier im Haus: *Kunst soll lernen, auf dem Land zu Hause zu sein.* Künstler wie Erwin Wurm oder Ludwig Attersee haben hier ihre Werke ausgestellt. Die Jugendförderung wird ständig forciert und eine Verbindung zu den Nachbarbundesländern und Slowenien steht ebenfalls im Vordergrund. Doch es wird noch viel mehr getan, auch außerhalb des Greith Hauses. Im „Laubdorfprojekt" wurde der Ort begrünt und gestaltet, die Kirche wurde renoviert, es gibt in der Umgebung literarische Wanderwege auf den Spuren von Gerhard Roth, und die „Laubdorfbauern" und „Laubdorfbäuerinnen" werden dabei unterstützt, ihre Köstlichkeiten zu vermarkten und zu verkaufen.

TIPP

Vor der Anreise im Haus anrufen, ob es geöffnet hat.

● Greith Haus, Kulturverein St. Ulrich in Greith, Kopreinigg 90, 8544 St. Ulrich in Greith, Tel. +43 (34 65) 2 02 00, www.greith-haus.at
● ÖPNV: Shuttleservice, WEINmobil und regioMOBIL. Bei Ausstellungen gibt es oft einen Shuttlebus-Service von Graz, beschilderte Greith-Wege

# Barfüßiges Wohlgefühl

## 34 Spazieren im Barfußpark Wenigzell

Das, was Kinder von Natur aus liebend gern tun, das sollten Erwachsene auch öfter versuchen: die Schuhe ausziehen und barfuß gehen. Viel zu selten gönnen wir unseren Fußsohlen Abwechslung und zwängen sie täglich in enge Schuhe. Doch unsere Füße wollen atmen und etwas erleben. Eine Fuß-Abenteuerreise sollte zum Barfußpark ins Joglland, in den „Garten Österreichs", führen. Er ist von Mai bis September geöffnet. Bei 30 Stationen, die auf ca. 1 Kilometer verteilt liegen, kann man barfuß verschiedene Untergründe und Materialien ertasten und die Geschicklichkeit und Balance auf die Probe stellen. Hier geht es im wahrsten Sinne über Stock und Stein, über Rinde, Marmor, Kugeln, durch Bäche und Lehm und über Brücken und Waldwege. Nach kühlem Wasser folgt warmes Holz, unterschiedliche Formen und Materialien regen die Durchblutung an und wirken wie eine Massage für unsere Fußsohlen. Der Kreislauf wird ebenfalls in Schwung gebracht, und das Balancieren stärkt die Muskulatur des ganzen Körpers. Der Blick ins Grüne entspannt und lässt uns sogar besser schlafen. Durch die Körper-Meridiane ist unser ganzer Körper mit den Fußsohlen verbunden. Wenn man zwischendurch einmal die Schuhe auszieht, so stimuliert man damit die Reflexzonen und unser gesamtes Nervensystem. Das sollte man auch regelmäßig im Alltag ausprobieren. Am Barfußweg wird es außerdem endlich einmal Zeit, eine Liebeserklärung mit den Füßen zu verfassen und die Hände eingesteckt zu lassen. Dafür balanciert man von Buchstabe zu Buchstabe, welche an Holzpflöcken befestigt sind. Da ist Zehenspitzengefühl gefragt. Was unsere Füße alles können, ist beeindruckend. Es kann teilweise richtig sportlich zugehen, und Kreativität ist ebenso gefragt wie Geschick, denn wie kommt man am besten im ABC-Wald von einem Buchstaben zum nächsten, ohne den Boden zu berühren? Hier können garantiert alle ihre Füße und Seele auslüften und atmen lassen!

TIPP

Kräftereich St. Jakob im Walde.

- Barfußpark Wenigzell, 8254 Wenigzell. www.wenigzell.at
- ÖPNV: Bus 343, Haltestelle Wenigzell Fast

# Weltkulturerbe auf Schiene

## 35 SÜDBAHN Museum Mürzzuschlag

Österreich kann auf zwölf UNESCO-Weltkulturerbe-Stätten stolz sein. Drei davon befinden sich in der Steiermark. Das sind die Grazer Altstadt, das barocke Schloss Eggenberg und ein Welterbe, an das man nicht als Erstes denken würde und das dennoch die ganze Steiermark verändert hat. Sie gilt als Meilenstein des Verkehrswesens: die Semmering-Bahn. Diese Bahnstrecke wurde gebaut, um die Kaiserresidenzstadt Wien mit dem Hafen der Donaumonarchie, Triest, zu verbinden. Der Berg „Semmering" steht für mondäne Sommerfrische am Ende der Habsburgermonarchie und für die Sehnsucht nach Meer. Anstatt die Schienen über Ungarn in Richtung Meer zu verlegen, was der viel einfachere Weg gewesen wäre, beschloss man, die Bahn über das Gebirge, den Semmering, fahren zu lassen, mitten durch die Steiermark, durch das Industriegebiet der Mur-Mürz-Furche und die Landeshauptstadt Graz. Eine unglaublich aufwendige Baustelle mit 20.000 Arbeitern, die die Welt so noch nicht gesehen hatte. Wie die Strecke gebaut, wer und was damit transportiert wurde und welche Bedeutung die Semmering-Bahn bis heute hat, das und viele lustige Anekdoten erfährt man im SÜDBAHN Museum in Mürzzuschlag. Außerdem gilt es, den altehrwürdigen Lokomotiven, die etliche Kilometer auf dem Buckel haben, einen Besuch abzustatten. Für die Steiermark bedeutete diese Bahnstrecke, die 1854 eröffnet wurde, plötzlich an die Welt angeschlossen zu sein. Der Handel florierte und auch der rege Austausch in Kunst und Kultur. Berühmte Musiker und Künstler und wichtige Personen der K.u.K.-Monarchie fingen an, die Steiermark für sich zu entdecken, und genossen beispielsweise ihre Sommerfrische auf den steirischen Almen und in den Grandhotels am Semmering. Aus der ganzen Monarchie zogen Menschen in die Steiermark und vor allem nach Graz, um zu arbeiten, zu studieren oder einfach nur um einen ruhigen Lebensabend zu verbringen. Der Bau der Semmering-Bahn bedeutete Aufschwung und beförderte die Steiermark in ein neues Zeitalter. Zu Recht dürfen sich die Brücken und Tunnel der alten Semmering-Bahn „Weltkulturerbe" nennen.

TIPP

Kultursommer am Semmering.

- SÜDBAHN Museum, Heizhausgasse 2, 8680 Mürzzuschlag, Tel. +43 (38 52) 2 55 66 41, www.suedbahnmuseum.at
- ÖPNV: Zug, Haltestelle Mürzzuschlag Bahnhof

# Lichtgestalten

## 36 Glöckler Lauf

An zwölf Nächten im Winter, in den sogenannten Raunächten rund um Weihnachten und Neujahr, gibt es in der ganzen Steiermark zahlreiche einzigartige Bräuche. Diese Zeit ist die dunkelste Zeit des Jahres, in der man früher mehr als sonst an übernatürliche Kräfte glaubte. Die Steiermark war von jeher landwirtschaftlich geprägt. Der lange kalte Winter war für die Bauern eine schwere Zeit, und man versuchte mit allen Mitteln, den Winter zu vertreiben. Neben Ritualen, die die Zukunft vorhersagen sollten, und Traditionen, um Menschen und Tiere am Hof zu schützen, neben zahlreichen katholischen Festen sind es vor allem mystische Wesen, die in dieser Zeit, in den Raunächten, auftauchen. Das Thema dieser Prozessionen ist leicht erklärt. Wie so oft geht es um den Kampf zwischen Gut und Böse, Licht und Dunkelheit, um den Sieg des Frühlings über den Winter und seine „bösen Geister". Solche steirischen Geisterjäger sind die Glöckler. Im Salzkammergut erscheinen sie am 5. Jänner. Meistens sind die Glöckler ledige Männer, in Weiß gekleidet, die an der Hüfte große Glocken tragen. Das Charakteristikum ist jedoch die Kopfbedeckung. Jeder Glöckler trägt eine kunstvoll verzierte Kappe mit hohem Aufsatz, die bis zu 20 Kilo schwer sein kann. Seidenpapier wird auf ein Holzgestell angebracht und innen werden Kerzen angezündet, die die Kappen so prachtvoll zum Leuchten bringen. Unzählige Arbeitsstunden stecken in diesen Kopfbedeckungen. Diese Lichtgestalten sind schön anzusehen und anzuhören. Sie laufen durch die Ortschaften und erhellen die winterliche Nacht. Das soll die Geister vertreiben. Sollte dies aufs Neue gelingen, werden im Fasching die Glöckler von den bunten Flinserl, der Pless, den Knopferl und den Trommelweibern abgelöst. So folgt ein Fest im Jahreskreis dem anderen. Diese steirischen Lichtgestalten sind auf jeden Fall wahre Glücksbringer für das neue Jahr.

TIPP

Die gruseligen „Krampus-Bräuche" im Dezember.

● Stainach Pürgg, Hauptplatz 27, 8950 Stainach, Tel. +43 (36 82) 2 48 00-0
www.stainach-puergg.gv.at
● ÖPNV: Bus 950, Haltestelle Pürgg Abzw. Ort

# Die „verrückte“ Kirche

## 37 Pfarrkirche St. Jakob in Thal

Diese Kirche hat eine ganz besondere Anziehungskraft, und sie überrascht ihre Besucherinnen und Besucher immer wieder mit ihrem ungewöhnlichen Aussehen. Ein japanischer Tourist hat sie einmal liebevoll als die „verrückte“ Kirche bezeichnet. Das ist hier sicher als Kompliment gemeint. *Man muss schon von Weitem erkennen: Dies ist ein heiliger Ort. Wo auch immer die Augen hinblicken, es muss etwas zu sehen geben,* meinte der Künstler Professor Ernst Fuchs. Die Kirche funkelt und glitzert, denn in die Fenster wurden Kristalle eingearbeitet und auch zwischen den Steinen vor der Kirche findet man solche „Diamanten“. Der Innenraum besteht aus zwei Teilen, dem alten Teil der Kirche und dem neuen Kirchenraum, der von Ernst Fuchs gestaltet wurde. Die Decke ist bunt, der Altar aus Glas, die Sitzbänke sind wellenförmig. Alles scheint zu fließen, und sogar das Mobiliar wirkt lebendig. Rund um die Kirche findet man neben christlichen Symbolen auch jüdische Symbole, denn Ernst Fuchs war jüdischer Herkunft. Ernst Fuchs war ein wichtiger Vertreter der Wiener Schule des fantastischen Realismus, deren Erkennungsmerkmal die bunten Farben und geschwungenen Formen, die fantastischen Wesen und traumhaften Szenen sind. Die zwei Bilder rechts und links vom Altarraum sind ein Beispiel dafür. Und wer sich weniger für Kunst interessiert und eher für Sport, der ist hier ebenfalls genau richtig, denn die Pfarrkirche St. Jakob in Thal war die Kirche, in der Arnold Schwarzenegger getauft und gefirmt wurde. Der Grundriss der Kirche ist der einer Jakobsmuschel. Die Kirche ist dem heiligen Jakobus geweiht, dem Schutzpatron der Pilger und Pilgerinnen. Sie ist daher nicht zufällig der Ausgangspunkt des weststeirischen Jakobswegs. Wer also in Spazierlaune ist, der könnte von hier aus auf eine lange Pilgerreise aufbrechen, von der kleinen „verrückten“ Kirche in Thal bis zur Kathedrale von Santiago de Compostela in Spanien.

TIPP

Das neue Waldcafé Thalersee.

- Pfarrkirche St. Jakob, Am Kirchberg 2, 8051 Thal, Tel. +43 (3 16) 57 22 26
  goesting.graz-seckau.at
- ÖPNV: Bus Linie 48, Haltestelle Kötschberg, 20 Minuten Fußweg

# Gut aufgelegt

## 38 Austrovinyl Fehring

Musikalisch ist die Steiermark für vieles bekannt. Es gibt ganz exotisch anmutende Instrumente wie die Steirische Harmonika, Hörner oder die sogenannte Teufelsgeige. Volksmusik, zahlreiche Blasmusikkapellen und Schlagerstars wie Andreas Gabalier gelten als „typisch steirisch". Aber auch der Austropop, wo die Steiermark als zweites Zentrum nach der Hauptstadt Wien rangiert, ist hier zu Hause. Klassik, Jazz, Alternative, die Steirer und Steirerinnen können immer wieder überraschen. Conchita Wurst rockte den Eurovision Song Contest, Granada oder Anna F stehen für eine neue Ära der steirischen Musik. Doch was sie verbindet: Alle wollen ihre Musik, so unterschiedlich sie auch sei, unter die Leute bringen. Ein tot geglaubtes Medium ist nachhaltig wiederaufgetaucht: die Schallplatte. Musikliebhaber und Musikliebhaberinnen kennen das Gefühl freudiger Erwartung, wenn sich die Nadel des Plattenspielers langsam auf die Platte senkt und die wunderbaren Töne erklingen. Herrlich ist der Klang einer alten Platte und noch interessanter ist, wie die neuen Platten mit neuester Technik ein richtiges Hörerlebnis liefern. In Fehring werden Schallplatten der neuen Generation gepresst. Sie werden mit modernster Technik hergestellt, und im hauseigenen Studio erfolgt im Anschluss die Feinabstimmung. „Das hört man", sagt Austrovinyl. Zu einer modernen Produktion gehört ebenfalls dazu, so umweltschonend wie möglich zu arbeiten und Ressourcen zu sparen. Als Standort der ersten und derzeit einzigen Schallplattenpresse Österreichs wurde ein 300 Jahre altes Bürgerhaus adaptiert, und 2022 eröffnete das zweite Werk, das man mit Führungen besichtigen kann. Dabei erfährt man, wie eine Platte gepresst wird, Zahlen, Fakten und skurrile Anekdoten aus der Musikwelt. Das Werk 2 wurde zum Treffpunkt der Umgebung. Hier gibt es von Konzerten bis zum gemeinsamen „Song-Contest-Schauen" viele unterschiedliche Veranstaltungen.

TIPP

Einen Blick hinter die Kulissen der Betriebe werfen mit Erlebniswelt Wirtschaft.

- Austrovinyl, Werk 2, Fürstenfelderstraße 10, 8350 Fehring, Tel. +43 (6 64) 1 63 84 90, www.austrovinyl.at
- ÖPNV: Regionalzug, Haltestelle Fehring Bahnhof, ca. 20 Minuten Fußweg

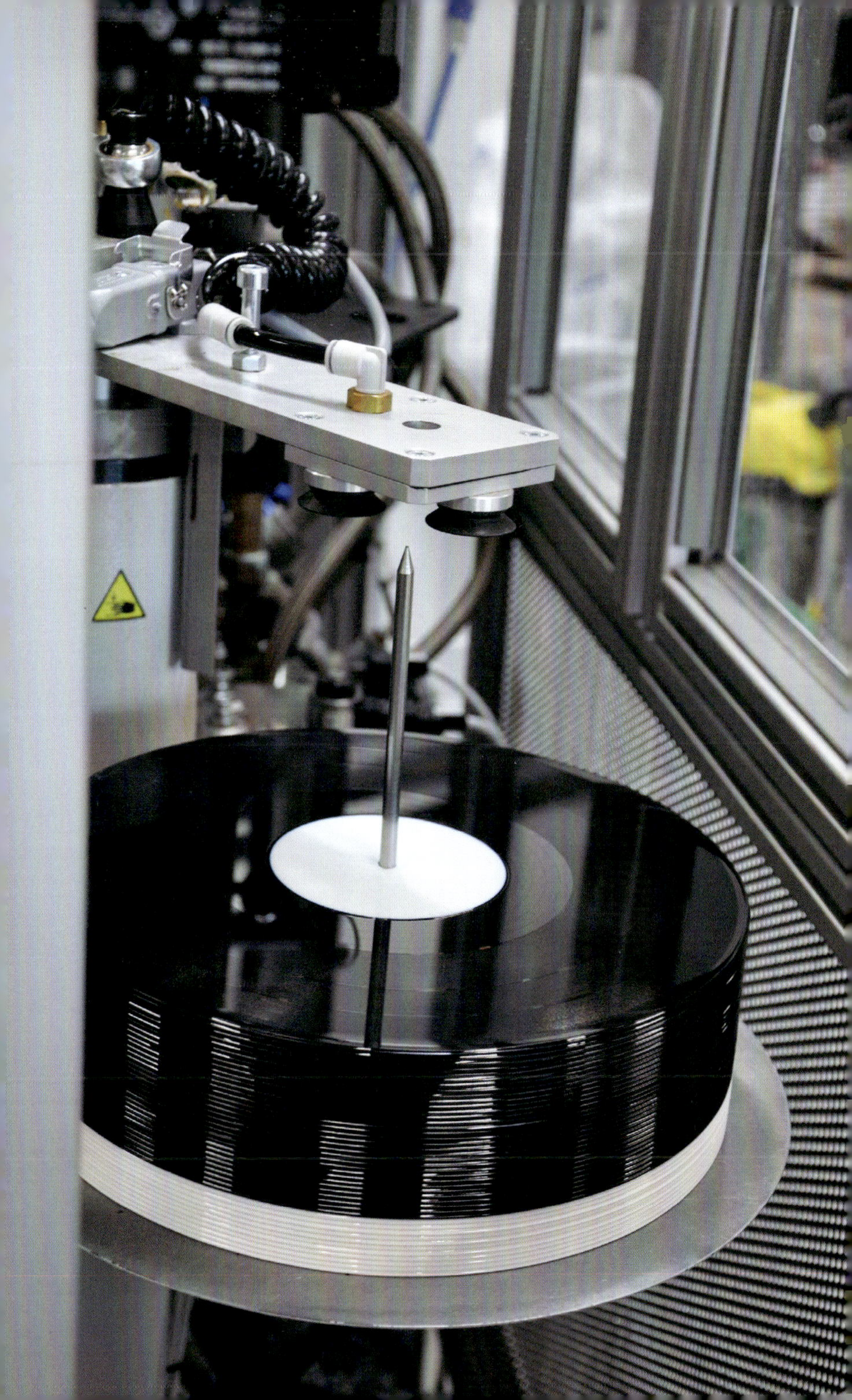

# Alles handgemacht!

## 39 Sepp Walchs Seidenhanddrucke

Das idyllische Örtchen Bad Aussee gilt als das Epizentrum der Tracht. Hier werden Dirndl und Lederhosen täglich getragen. Spricht man mit den Einheimischen, dann wird bestätigt, dass die Tracht hier keine Verkleidung ist und keine Show, um Touristen und Touristinnen anzulocken. Dirndl und Lederhosen werden in der ganzen Gegend nicht nur zu besonderen Gelegenheiten angezogen. Hier tragen die Damen ihr Dirndl mit Seidenschürze beim Kochen, im Büro, beim Kirchgang und bei allen möglichen Festen, das versteht sich von selbst. Es gibt schöne und günstige Tracht von der Stange. Wer allerdings etwas Besonderes und Hochwertiges möchte, findet es in Trachtengeschäften im Ausseerland. Alles rund um Dirndl, Lederhosen und Steireranzüge bekommt man hier zu kaufen. Maßschuhe, darunter die typisch steirischen Haferlschuhe, gibt es bei Zaisenberger. Hüte kann man beim ältesten Hutmacher Europas, bei der Firma Leithner, die 1532 gegründet wurde, kaufen. Dirndlschneider und -schneiderinnen, Lederhosenmacher, Juweliere findet man zahlreich im Ort, ja sogar Knöpfe werden hier in feinster Handarbeit bei S'Ausseer Knopferl passend zum Kleid bemalt. Auch die Stoffe werden handgemacht. Bei Sepp Walch hat man sich auf Seidendrucke spezialisiert. Traditionelle Muster und Farben werden hier in Handarbeit auf Seidenstoffe und Leinen gedruckt. Eine genaue Arbeit, die eine ruhige Hand benötigt. Als Stempel verwendet man Model. Diese Model mit den schönsten floralen Mustern sind die absoluten Kostbarkeiten des kleinen Betriebes, denn sie werden nirgendwo mehr hergestellt. Die Stoffe werden im kleinen Geschäft im Erdgeschoss verkauft, genauso wie fertige Produktklassiker und auch Neuinterpretiertes. Wenn man die Stoffe genau unter die Lupe nimmt, dann sieht man die etwas dunkleren Stellen, wo sich die Farbe überlappt. Genau diese Ränder machen die Ware perfekt-unperfekt und sind damit der Beweis, dass hier nichts industriell gefertigt wurde. Werkstatt und Geschäft sind in einem winzigen Haus untergebracht, das voller Kreativität steckt, Farbe und Lebenslust. Hier atmet man die Luft belebender Nostalgie und Sommerfrische.

TIPP
Sich beim Ausseer Kirtag in Tracht zeigen.

- Sepp Wach, Bahnhofstraße 108, 8990 Bad Aussee, Tel. +43 (36 22) 5 21 14 www.handdrucke-seppwach.at
- ÖPNV: Zug, Haltestelle Bad Aussee, Regionalbus 957, Haltestelle Bad Aussee Postamt

# Österreichische Ästhetik

## 40 Thonet-Museum Friedberg

Hört man den Namen „Thonet", assoziiert man stilvolle Möbel. Vor dem inneren Auge sitzt man in einem Wiener Kaffeehaus neben Menschen, die sich angeregt unterhalten, musizieren, Zeitungen lesen, ein Sacher Würstchen oder einen Kuchen essen, einen Einspänner trinken und dort den ganzen Tag verbringen. Es ist gemütlich, denn dicht an dicht sitzt man auf gepolsterten Bänken und auf den berühmten Sesseln aus gebogenem Holz, den Thonet-Sesseln. Kein anderes Möbelstück ist so mit der Geschichte der Habsburgermonarchie und der Kultur Wiens und Österreichs verbunden wie der Thonet-Sessel. Er gilt als Design-Klassiker, der die Jahrhunderte überdauert hat und irgendwie immer dazupasst. Die Sessel und auch viele andere Möbelstücke der Gebrüder Thonet, die übrigens ursprünglich aus Deutschland stammten, haben Design-Geschichte geschrieben. Der Wiener Kaffeehausstuhl mit Namen Nr. 14 ist ein zeitloser Klassiker, der der Tischlerei Reichtum und Ruhm bescherte. Mehr als 23 Tonnen Bugholzmöbel wurden von der Monarchie in die ganze Welt verkauft. Nach den Weltkriegen baute man in Friedberg in der Steiermark 1962 ein Werk und begann wieder mit der Produktion in Österreich und beschäftigte Tausende Arbeiter und Arbeiterinnen. 2006 wurde das Werk leider endgültig geschlossen. Den Namen Thonet kennt und schätzt man aber immer noch. Heute befindet sich oberhalb der Bücherei in Friedberg das kleine Thonet-Museum. Darin kann man 80 Exponate bewundern, darunter den Tisch, der bei der Londoner Weltausstellung gezeigt wurde. Er ist mit filigranen Holzeinlegearbeiten und feinen Drähten verziert und ein echtes Einzelstück, mit dem die Habsburger stolz die Handwerkskunst der Monarchie präsentieren wollten. Außerdem sind im Museum zu sehen: der Postsparkassenstuhl, der von Otto Wagner entworfen wurde, Bänke, Tische, Wiegen, Schaukelstühle, Kindermöbel und auch einige Skurrilitäten wie der „Rauchersessel", auf dem man verkehrt sitzen konnte und sich bequem anlehnte, um Zigarre zu rauchen. So stilvoll sitzt man nur auf einem Thonet-Sessel.

TIPP
Der kleine Ort Friedberg.

- Thonet-Museum, Hauptstraße 1, 8240 Friedberg, Tel. +43 (33 39) 2 51 10
www.friedberg.gv.at
- ÖPNV: Bus 301, Haltestelle Friedberg Grazer Straße

# Dorf-Frühstück

41

## Zu Besuch bei Kathinka

Dort, wo sich sprichwörtlich „Fuchs und Henne Gute Nacht sagen" oder, schlimmer ausgedrückt „dort, wo der Hund begraben ist", also in einem kleinen Dorf auf dem Land, wo man eigentlich nicht viel Spannendes vermuten würde, findet man diesen Geheimtipp, nicht einmal an der Hauptstraße gelegen, sondern versteckt abseits der bekannten Wege: das kleine Lokal Kathinka´s Café. Es wird vor allem von Einheimischen besucht, doch nach und nach spricht sich herum, dass ein Besuch eine Extrareise wert ist. Es gibt hier gutes Frühstück mit den Klassikern wie *ham and eggs* oder auch ein paar ausgefallenere Sachen wie ein Pancake-Türmchen mit Sauce nach Wahl. Die Torten, Kuchen und Kekse sind hausgemacht, auch der Wein ist hauseigen, und viele Produkte aus der Umgebung werden entweder gleich verkocht oder verkauft. Drinnen ist es gemütlich, und draußen auf der Terrasse sitzt man quasi wie auf der privaten Hausterrasse mitten im Gehöft. Hier wird alles mit sehr viel Liebe dekoriert und serviert. Man bekommt am Teller beispielsweise sogar eine Extragrußbotschaft „Herzlich willkommen" angeheftet. Und genau so fühlt man sich auch, sobald man einen Fuß durch die Türe setzt, sehr willkommen. Die Kellnerin ist wahrscheinlich die bestgelaunte Bedienung Österreichs. Sie lacht laut, macht Witze und hat immer einen guten Spruch parat, plaudert mit ihren Gästen und schenkt jedem ein Lächeln. So viel gute Laune ist wirklich ansteckend. Zusammen mit dem guten Essen, der bunten und freundlichen Atmosphäre und natürlich einem Stück Mehlspeise macht sie diesen Ort zu einem geheimen Glücksort der Steiermark. Natürlich kann man in der Umgebung noch viele andere Dinge tun, die glücklich machen, schließlich liegt das Café mitten im Sulmtal, das bekannt ist für Kulinarik, Wein, Naturjuwele, Sport-Angebote und Geschichte. Die archäologischen Funde der Hallstattzeit aus der Umgebung von Großklein sind beispielsweise wirklich sehenswert.

TIPP

Wo sich „girls only" austoben können: am Weiberhof.

- Kathinka´s Café, Wippelsach 24, 8441 Fresing, Tel. +43 (66 45) 44 42 14 www.kathinkas.at
- ÖPNV: Bus 731, Haltestelle Fresing Feuerwehr

# Alle heiligen Zeiten

## 42 Feiertage auf Schloss Kornberg

Seit vielen Jahren ist in der Vorweihnachtszeit oder österlichen Fastenzeit das Schloss Kornberg ein beliebtes Ausflugsziel. Dort ist es schon eine Tradition geworden, das Kunsthandwerk aus der Region auszustellen. Das Ambiente des Schlosses am Hügel in der Nähe von Feldbach bietet dafür die passende Kulisse. Im Winter liegt Schnee auf dem Schlossdach und im Innenhof, in den Fenstern brennen Kerzen und draußen Fackeln. Hier holt man sich Inspiration für die eigene Weihnachtsdekoration oder kauft bereits alle Weihnachtsgeschenke ein. Im Frühling beginnen die Bäume zu sprießen, und auf der Wiese wachsen Veilchen und Himmelsschlüssel. Egal ob für die Familie, die Freunde oder die Arbeitskollegen und -kolleginnen oder Geschäftspartner, hier findet man für jeden passende Geschenke. Alles ist handgemacht, und man kommt aus dem Staunen gar nicht heraus, denn so kreativ und fingerfertig sind die Steirerinnen und Steirer. Verwendet werden Materialien, die schon seit Jahrhunderten in der Steiermark bekannt sind und verarbeitet werden: Filz, Holz, Stoffe und Bienenwachs oder Stroh, Zapfen, Nüsse und andere Fundstücke aus der Natur. Auch die Methoden, wie die kleinen Kunstwerke gemacht werden, sind seit Generationen überliefert, und doch werden sie immer wieder weiterentwickelt. Sollte man beschließen, den Christbaum typisch steirisch schmücken zu wollen bzw. das Osterfest traditionell zu begehen, so kann man im Schloss traditionelle Handwerkskunst erwerben, wie Strohsterne, Zapfen, bemalte Christbaumkugeln, Kerzen und kleine Holz-Anhänger. Dazu noch selbst eine Papiergirlande basteln, kleine Äpfel an den Baum hängen oder eventuell verzierten Lebkuchen und Nüsse und fertig ist er. Ein steirischer Christbaum ist prachtvoll dekoriert, die Materialien sind ganz einfach, aus der Natur gesammelt und nicht aufwendig importiert worden. In der Osterzeit findet man kunstvoll bemalte Ostereier, bestickte Deckchen oder Keramiken, mit denen man, wie in der Steiermark üblich, alles rund um den bunten Osterstrauch dekorieren kann. Beim Stöbern trifft man oft sogar den Schlossherrn persönlich.

TIPP

Das Schloss ist eines von vielen auf der Steirischen Schlösserstraße.

- Kunsthandwerk Schloss Kornberg, Dörfl 2, 8330 Kornberg bei Riegersburg, Tel. +43 (31 52) 41 68, www.schlosskornberg.com
- ÖPNV: Bus 406, Haltestelle Kornberg bei Riegersburg Gutshof, ca. 15 Minuten Fußweg

# Aller Wege Ziel

## 43 Bad Radkersburg

Wie Planeten um die Sonne, so kreisen die Radfahrer und Radfahrerinnen auf den zahlreichen Radwegen um Bad Radkersburg herum. Kaum eine Stadt ist so bequem mit dem Drahtesel zu erreichen wie die südlichste Stadt der Steiermark. Manche haben vielleicht sogar einen sehr langen Weg hinter sich, wenn sie den Mur-Radweg schon in den Alpen gestartet haben und nun endlich im Süden der Steiermark ankommen. Auf den Wegen wird so einiges geboten wie die lustigen Straßenschilder des Künstlers Andreas Stern, „Lebenslustzeichen" genannt, die auf der „Route 66" verstreut sind. Sogar das Wasser scheint um die Stadt herum zu kreisen. Die Mur ist allgegenwertig und bildet hier die Grenze zu Slowenien. Auch auf dem Wasserweg kann man in die Stadt gelangen. Alles, was man am anderen Ufer, am Ende der geschichtsträchtigen Mur-Brücke, sieht, ist Gornja Radgona, der slowenische Teil der Stadt. Geschichtsträchtig ist diese Brücke, weil sie leider lange Zeit eine fast unüberwindbare Grenze zwischen Österreich und Slowenien bildete, und während des Krieges in Jugoslawien standen sogar Panzer auf der Brücke, um die Grenze zu sichern. Die Einschusslöcher sind mittlerweile restauriert und die Menschen beider Länder friedlich vereint. Heute gilt sie als Symbol für ein geeintes Europa und trägt den passenden Namen „Freundschaftsbrücke". Das Pavelhaus, ein kulturelles Zentrum der Region, bietet, um die Freundschaft zu stärken, beispielsweise regelmäßig Slowenisch-Kurse an. Wer keine Fortbewegungsmittel benötigt, kann zudem über die zahlreichen Wanderwege in die Stadt gelangen. Unabhängig davon, wie man nach Radkersburg kommt, man sollte in jedem Fall in der Stadt Zeit einplanen und ausgiebig durch die vielen kleinen Gassen spazieren. Denn neben Denkmälern und Museen, kleinen Geschäften, Cafés und Bars findet man zahlreiche beeindruckende Bauwerke von der Romanik bis zur Gegenwart, Innenhöfe, reich dekorierte Fassaden, ein Zeughaus, schmale Gassen, Renaissance-Arkaden und große Teile der alten Stadtmauer, gebaut und geplant vom damaligen Star-Architekten Domenico dell´Aglio.

TIPP
Die Brauerei Bevog.

- Bad Radkersburg, 8490 Bad Radkersburg, Tel. +43 (34 76) 25 45
www.bad-radkersburg.gv.at
- ÖPNV: Zug S 51, Haltestelle Bad Radkersburg Bahnhof

FREUNDSCHAFT PRIJATELJSTVO

# Wie Zauberei

44

## Kleines magisches Varieté

Hartberg hat so einiges zu bieten: eine historische Altstadt mit Baujuwelen wie dem Hartberger Karner, moderne Kunst wie jede Menge Graffiti namhafter Künstler und Künstlerinnen und das gewisse Etwas, ein bisschen Magie. Wenn im Namen schon das Wort „magisch" enthalten ist, dann verheißt das meistens etwas Besonderes. Dass es sich hier um ein Varieté-Theater, also eine Kleinkunstbühne, handelt, sollte alleine schon ein Grund sein, alle Zweifel über Bord zu werfen und diesem Haus einen Besuch abzustatten. Das kleine magische Varieté in Hartberg ist ein echter Geheimtipp. Der Fokus liegt hier auf Zaubershows zu besonderen Themen wie zur Walpurgisnacht oder Zauber-Workshops für Kinder. Es ist aber auch der Ort, wo Zauberinnen und Zauberer aus der ganzen Steiermark ihre Geheimnisse und Tricks austauschen. Schließlich ist noch kein Zauberer vom Himmel gefallen, oder? Hier kann also geübt werden. Der Donnerstag, hier „magischer Donnerstag" genannt, ist für die Zauberlehrlinge reserviert. Jeder Anfänger, jede Anfängerin kann da in diese glitzernde Welt reinschnuppern und mit Anleitung und Hilfe kleine Tricks erlernen, ohne gleich die Kontrolle über die Zauberbesen und Kaninchen, schwebenden Jungfrauen und Zauberknoten zu verlieren. Das Varieté erinnert an eine Wunderkammer und ist dekoriert mit skurrilen Dingen, Zauberzubehör und Theater-Requisiten. Auf der kleinen Bühne mit schillernden Vorhängen sind zwar keine Zaubershows wie in Las Vegas mit Raubtieren, Raketen und Orchester möglich, aber was hier passiert, ist sicher nicht weniger unterhaltsam und spannend, und wer weiß, vielleicht wird hier der nächste Houdini geboren. Neben Magie ist auch noch Platz für Musik und Konzerte, Kabarett, Dinner-Abende, Kunst und andere Kleinkunst-Veranstaltungen. Bei einer Sache sind sich alle Beteiligten einig: Die Welt könnte noch viel mehr Magie und Zauber vertragen, also her mit den Zauberlehrlingen!

TIPP

Hartberg ist eine Cittàslow, die man entspannt besuchen sollte.

● Kleines Magisches Varieté, Othmar-Rieger-Straße 2, 8230 Hartberg, Tel. +43 (6 64) 1 21 81 68, www.magischesvariete.at

● ÖPNV: Bus 300, Haltestelle Hartberg Roseggergasse

# Almfrühstück

45

## Die Stoakoglhütte

Holzbänke, der Blick ins Grüne, das Läuten der Alm-Ochsen-Glocken, der Duft von Almkräutern und Sommerwiesen, die Luft ist noch kühl und frisch, der Tag noch jung, die Aussicht fantastisch, und das Frühstück genau das, was man sich in so einem Moment vorstellt: einfach, aber köstlich. Gebratener Speck, der einem das Wasser im Mund zusammenfließen lässt, Bauernbutter aus der Region, Bauernbrot, hausgemachte Marmelade, Produkte aus dem Almenland, dazu ein echter „Häferl Kaffee“ und Spiegelei in der Pfanne. Willkommen in der Stoakoglhütte! Zum Almfrühstück servieren Martina und Heimo gleich einen Wanderführer, denn Wandern im Sommer und mit Schneeschuhen im Winter sind ein echtes Erlebnis auf der Sommeralm, die übrigens auch im Winter „Sommeralm“ heißt. Sie liegt inmitten des größten bewirtschafteten Almweidegebiets Europas. 125 Almen reihen sich hier aneinander. Der Naturpark wird immer im Einklang mit der Natur genützt und bewirtschaftet. Daher ist das Almenland auch noch Heimat zahlreicher Tier- und Pflanzen-Arten, Naturdenkmäler, Schluchten und Höhlen, Seen und Wasserfälle, hier gibt es ein Hochmoor und eine Orchideenwiese. Neben Kulinarik und Natur hat das Almenland sogar ein kulturelles Highlight zu bieten: die Brandluckner Huab'n, ein Freilufttheater, und die Greißlerei, ein kleines Geschäft, in dem man die Schätze des Naturparks kaufen kann. Die Hüttenbesitzer haben sich nicht nur für das Frühstück einiges einfallen lassen, sondern auch für manche Nächte, und so gibt es immer wieder Alm-Lieder-Abende im Sommer. Nicht nur draußen sieht es aus wie in dem Film „Sound of music“ oder wie bei „Heidi“, nur eben echt. Drinnen ist die 250 Jahre alte Hütte wirklich sehenswert. Hier findet man eine alte Bauernstube, das Herzstück des Hauses. Wanderer, Abenteurer, Genießer, Sportler, Haustiere, Gäste und Einheimische, sogar Pilger, die noch einen langen Weg vor sich haben, haben sich in der Stube von jeher aufgewärmt und sich vor ihrer Wanderung gestärkt oder glücklich von ihrem Tag auf der Alm erzählt.

TIPP

Der preisgekrönte Stollenkäse aus dem Almenland.

- Stoakoglhütte, Martina & Heimo Gohla, Sommeralm 122, 8171 St. Kathrein am Offenegg, Tel. +43 (6 76) 6 83 47 24, www.stoakoglhuette.at
- ÖPNV: RegioBus Linie 205, Haltestelle Sommeralm Gasthaus Derler

# Be-swingt in den Tag

## 46 DIXIE- & SWINGFESTIVAL Weiz

Jazz ist das amerikanische Pendant zur klassischen Musik in Europa und hat vom angloamerikanischen Raum ausgehend die ganze Welt erobert, sogar die letzten Ecken der Steiermark. Die Steirer sind wohl das erste Mal so richtig mit dieser Musik in Berührung gekommen, als die Steiermark nach dem Zweiten Weltkrieg von britischen Truppen besetzt wurde. Es gab „Hotclubs", man konnte Platten ausborgen in „Record Libraries", und die angloamerikanische Kultur wurde später in der Zeit des Kalten Krieges gezielt beworben. Den Steirern hat es gefallen. Jazz ist aber mehr als nur eine Musikrichtung, denn Jazz ist ein Überbegriff für so viele verschiedene Töne und Stile. Er hat die Mode, Tänze, die Jugendkulturen, sogar die Politik und die Gesellschaft über Jahrzehnte beeinflusst und verändert. Wer in dieses Lebensgefühl eintauchen möchte, der sollte dem DIXIE- & SWINGFESTIVAL in Weiz einen Besuch abstatten, denn das ist mehr als nur ein Musikfestival. Man hat hier die Gelegenheit, Big Bands, sensationelle Sängerinnen und Sänger, Solo-Musikerinnen und -Musiker live und aus nächster Nähe zu sehen. Die Gäste kommen aus aller Welt, und die Grenzen zwischen Künstlern und Publikum vermischen sich. Dann wird spontan mitgesungen, musiziert und viel getanzt, man wird sofort ein Teil des Festivals. Bei den Tanzworkshops der Lindy Cats kann beispielsweise jeder und jede mitmachen, egal ob „Lead" oder „Follow" und ganz egal ob man zum ersten Mal im Leben die Tanzfläche betritt oder man schon lange von der Tanzwut gepackt wurde. Bei vielen Konzerten dauert es nicht lange, da sitzt keiner mehr auf seinem Platz, sondern schwingt und swingt zur Musik. In diesen heißen Weizer Nächten vergisst man schnell, dass man in Österreich ist, und fühlt sich wie im New Orleans der goldenen 20er-Jahre. Viele sind sogar passend zu diesem „Lebensgefühl Jazz" angezogen. Niemand kann hier ruhig sitzen bleiben, in Weiz wird die Nacht zum Tag gemacht, ehe man „be-swingt" in den nächsten Festival-Tag startet.

TIPP

Tanzkurse der Lindy Cats werden das ganze Jahr über angeboten.

● DIXIE- & SWINGFESTIVAL, Tel. +43 (6 64) 8 27 28 61, www.dixie-swingfestival.at

● ÖPNV: Bus 200, Haltestelle Weiz/Zentrum

# Zirbenduft in der Luft

## 47 Zirbenkugeln der Konfiserie Josef Kern

Die Zirbenkiefer muss in den Alpen so einiges ertragen und gilt als sehr widerstandsfähiger Nadelbaum. Sie ist als einer der letzten Bäume vor der Baumgrenze zu finden und wächst nur relativ langsam. Das Holz wehrt zum Beispiel Bakterien und Pilze ab, und diese Eigenschaft macht sich auch der Mensch zunutze. Produkte aus Zirbenholz helfen im Haushalt gegen Schädlinge. Bettzeug gefüllt mit Zirben-Spänen lässt uns Menschen besser schlafen, besser durchatmen. Küchenbretter aus Zirbenholz sind antibakteriell, und Motten, Fliegen und Mücken mögen dieses Holz nicht. Es geht sogar noch besser: Es gilt als erwiesen, dass Zirben-Möbel und eine Zirben-Inneneinrichtung ein wärmeres Licht schaffen und man sich in diesen Räumen automatisch wohler fühlt. Ist dies das Geheimnis der gemütlichen Berghütten? Hier schläft und lebt man nämlich immer besonders gut. Das Beste an diesem Holz ist aber der wohltuende Duft. Daher ist es wohl das Schönste, einfach durch den duftenden, lebendigen Zirbenwald zu flanieren. Der Naturpark Zirbitzkogel-Grebenzen ist wahrscheinlich der am besten riechende Park weit und breit. Es wird jedoch nicht nur das Holz verarbeitet, sondern auch die Zapfen, das Harz, eigentlich alles. In der Steiermark kann man viele Zirben-Produkte kaufen, zum Beispiel im Bauern-Genussladen der Familie Mandl in Obdach, vom Zirben-Schnaps zum Zirben-Kissen und bis zur Zirbe in süßester Form, alles, was das Herz begehrt. Josef Kern aus Obdach hat sich etwas Besonderes einfallen lassen und hat den Zirben-Duft in Schokolade gefüllt. Die feinen Schokolade-Zirbenkugeln zergehen im Mund und entfalten sogleich das einzigartige Aroma ihrer Füllung. Das ist eine Mischung erlesener Zutaten wie Zirbenschnaps, Honig, Zirbentrüffelmasse und Sahne. Neben anderen köstlichen Kugeln wie Lärchenkugeln, Kürbiskernkugeln und Apfelkugeln gibt es die Zirbenkugeln des Konditormeisters in Obdach, im Zentrum des Zirbenlandes, zu verkosten und zu kaufen.

TIPP

Die Seifenmanufaktur Pletz.

● Familie Mandl, Hauptstraße 37, 8742 Obdach, Tel. +43 (35 78) 40 81
www.bauern-genussladen.at
● ÖPNV: Bus 863, Haltestelle Obdach Busbahnhof

# Im Rosengarten

## 48 Herberstein Rose

Das Schloss Herberstein ist bekannt, weil seine Geschichte bis ins 13. Jahrhundert zurückreicht. Die Familie Herberstein hat die damalige Steinburg bereits 1290 erworben. Sie ist noch immer in Familienbesitz und durch ihre spektakuläre Lage hoch über der Feistritz-Klamm oft Kulisse für fröhliche Veranstaltungen aller Art. Heute gehört ein wunderbarer Tierpark zum Anwesen dazu. Dieser gilt als einer der beliebtesten Ausflugsziele der Steiermark. In den großzügigen Gehegen, wo sich die Tiere auch mal zurückziehen dürfen, muss man schon genauer hinsehen, um manche scheuen Tiere wie die Wölfe, Löwen oder Pumas zu sehen, man begibt sich auf eine richtige Entdeckungsreise. Andere Tiere genießen das Rampenlicht. Historisch belegt ist außerdem die üppig angelegte Gartenanlage. Über den Tierpark und das Affenhaus mit seinen lustigen, kleinen Bewohnern, von denen man fast nicht genug bekommen kann, gelangt man hierher. Der Garten ist in verschiedene Bereiche aufgeteilt: der grüne Garten der Harmonie, der weiße Garten der Vollkommenheit, der blaue Garten der Beständigkeit und der gelbe Garten der Hoffnung. Im Zentrum steht der Pavillon mit Jungbrunnen, umgeben von einem zauberhaften Rosengarten. Dutzende verschiedene Rosenarten und Rosen aus aller Welt zieren diesen Rosengarten. Alleine die Namen dieser Pflanzen sind faszinierend, ihr Duft ist betörend, ihre Symbolik beeindruckend und ihr Aussehen ist immer eine Überraschung. Die Herberstein Rose ist eine eigene Züchtung, sie ist außen zartrosa oder weiß und die Blätter werden zum Inneren hin immer kräftiger rosafarben, dieser Farbverlauf ist besonders schön. Sie zählt zu den Romantikrosen und gehört in jeden romantischen Sommerstrauß. In der Sonne können die Blüten noch etwas aufhellen. Dieser Bereich des Gartens könnte doch für Glück stehen? Auf der Website des Schlosses steht geschrieben: *Möge jeder still beglückt seiner Freuden warten! Wenn die Rose selbst sich schmückt, schmückt sie auch den Garten.*

TIPP

Das Gironcoli Museum nahe dem Gartenareal.

● Gartenschloss Herberstein, Herberstein Tier- und Naturpark
Schloss Herberstein OHG, Buchberg 1, 8222 St. Johann bei Herberstein,
Tel. +43 (31 76) 8 82 50, www.herberstein.co.at
● ÖPNV: Bus 337, Haltestelle Buchberg Tierpark

# Die Zeit steht still

## 49 Katerloch

Das Loch ist eigentlich eine Höhle und ein Geheimtipp, denn sie war lange, nachdem sie in den 1950er-Jahren von dem Forscherehepaar Hermann und Regina Hofer genau erforscht wurde, geschlossen und war nicht zugänglich. Mit Katzen hat sie übrigens gar nichts zu tun. Der Name „Kater" kommt von den „Eulenkatern", so werden die männlichen Eulen genannt, die in der Höhle und in der Umgebung leben. Heute ist das Katerloch, ein einzigartiges Naturdenkmal, nach telefonischer Vereinbarung wieder für Führungen geöffnet. Es gilt als die tropfsteinreichste Schauhöhle Österreichs, und man könnte es auch als Wunderhöhle bezeichnen. Die Formen der Tropfsteine beflügeln die Fantasie, ein ganzer Dom, Hallen, ein Tropfsteinwald, unterirdische Seen und Kammern findet man tief unter der Erde. Säulen aus Kristall, feine Kalkkorallen sehen wie Vorhänge aus, die allerdings Millionen Jahre alt sind. Den „Atlas" lernt man bei einer geführten Tour auch kennen. Er hat einen Umfang von 46 Metern, ist 22 Meter hoch und gilt als einer der größten Sintasäulen, also Tropfsteinsäulen, der Welt. Für uns Menschen fast unbegreiflich ist, wie ein Tropfstein entsteht, nämlich indem Wasser an ihm herunterrinnt und nach und nach Ablagerungen bildet. Er wächst also sehr, sehr langsam, 8 bis 15 Millimeter pro 100 Jahre! Im Katerloch verliert man in Anbetracht dessen fast das Zeitgefühl. Die Höhle ist mindestens 350 Millionen Jahre alt und wird hoffentlich noch weiterwachsen, lange nachdem wir Menschen vielleicht verschwunden sind. Die Höhle lebt und ist das Zuhause vieler Fledermäuse. Um sie in ihrer Winterruhe nicht zu stören, gibt es im Winter keine Führungen durch das Katerloch. Es ist sehr wichtig, dass der Schutz der Flora und Fauna eines Naturdenkmals über die Neugier von uns Menschen gestellt wird. Im Sommer kann die Höhle besichtigt werden, und dabei zeigen sich in rund zwei Stunden einige der vielen Wunder und bizarren Formen einer anderen Welt, in einer anderen Zeitrechnung.

TIPP

Besuch der nahe gelegenen Weizklamm.

- Tropfsteinhöhle Katerloch, Dürntal 10, 8160 Weiz, www.katerloch.at
  Tel. +43 (6 64) 4 85 34 20
- ÖPNV: Bus 201, Haltestelle Mortantsch Steinberg Schlegl

# Zu den Sternen

## 50 Sternenturm in Judenburg

Im 500 Jahre alten Stadtturm von Judenburg, der 76 Meter hoch ist, befindet sich das weltweit höchste Planetarium. Was ist eigentlich ein Planetarium? Durch Projektionen werden in der Kuppel verschiedene Filme gezeigt, und man bekommt einen sensationellen Einblick in die Wunder des Universums. Man sieht also nicht wirklich mit einem Teleskop ins All, sondern genießt gemütlich in einem Sessel sitzend einen Film über das Universum. Nach jedem Film kommt ein Experte oder eine Expertin in den Raum, die auf Fragen eingehen und bestimmte Phänomene erklären und auch auf aktuelle Ereignisse hinweisen. 26 verschiedene Filme für Kinder und Erwachsene werden hier angeboten, und die Themen reichen von der Sonne, der Entstehung des Weltalls bis zu schwarzen Löchern und Astronauten, aber auch Filme über Korallenriffe, die Geheimnisse der Tiefsee und Umweltschutz und sogar Musik-Shows werden hier gezeigt. Der Sternenhimmel, der hier zu sehen ist, ist zwar „nicht echt", aber immer aktuell. Was der Turm aber noch zu bieten hat, ist eine lange Geschichte als Stadtturm und eine Galerie mit toller Aussicht über die Stadt Judenburg, Veranstaltungsräume und ein Café. Schon die Fahrt mit dem gläsernen Lift, ganz bequem vorbei an alten Balken, dicken Steinmauern und der großen Glocke, ist aufregend. Oben angekommen ist es fast ebenso spannend, wie in die Sterne zu schauen, ins Land zu schauen. Der Balkon führt um den Turm herum, weshalb man in jede Himmelsrichtung kilometerweit sehen kann. Hier oben kann ein herannahendes Gewitter zum Adrenalinkick werden. Die Kombination aus neuester Technik, wie den Sternenprojektoren, umgeben von der 500 Jahre alten Geschichte des Stadtturms und natürlich den faszinierenden Ereignissen des Weltalls, ist wohl einzigartig. Der Stadtturm war übrigens ursprünglich der Glockenturm zur nahe gelegenen Stadtpfarrkirche St. Nikolaus und wurde damals schon als Aussichtssturm und Wachturm benutzt, um rechtzeitig vor Bränden zu warnen.

TIPP

Mehr über Judenburg im Stadtmuseum erfahren.

- Sternenturm, Planetarium Judenburg, Kirchplatz 1, 8750 Judenburg, Tel. +43 (35 72) 4 40 88, www.sternenturm.at
- ÖPNV: Bus 872, Haltestelle Judenburg Finanzamt

# Der Duft von Bärlauch

51

## Mur-Auen bei Mureck

Die Auen der Mur sind besonders schöne und schützenswerte Feuchtbiotope. Der Bärlauch ist eine ganz besondere Pflanze, die dort wächst. Er ist ein Gemüse, das in wilder Natur geerntet werden kann, so auch in den Mur-Auen rund um die alte Schiffsmühle in Mureck. Wenn man zur richtigen Zeit hier durchspaziert, dann braucht man den Bauernmarkt gar nicht mehr aufzusuchen, auf dem man diese Pflanze ganz bequem einkaufen kann. Man geht einfach der Nase nach, denn Bärlauch riecht nach Knoblauch, wenn man die Blätter zwischen den Fingern reibt. Man kann ihn in der Küche als Ersatz für Zwiebeln oder Schnittlauch verwenden. Fühlt man sich unsicher in Pflanzenkunde, so empfiehlt es sich, mit Michael Flechl eine Kräuterwanderung zu unternehmen, dann entdeckt man nämlich auch noch sehr viel mehr Duftendes und Geschmackvolles am Wegesrand, das man sonst übersehen hätte. Einige Tipps für den Garten und die Küche sind immer inklusive. Wenn der Frühling einen Geschmack hätte, dann wäre es Bärlauch-Aroma und ein Hauch von Spargel. In unzähligen steirischen Gastronomiebetrieben gibt es von März bis Mai von Bärlauch-Pesto bis zu Bärlauch-Gnocchi viele verschiedene Formen, den Frühling zu schmecken. Das tut dem Körper nach dem Winter gut, denn der Bärlauch gilt schon seit Karl dem Großen als Heilpflanze und hat nachweislich eine antibakterielle Wirkung. Die hellgrünen Bärlauchfelder sind noch dazu schön anzusehen, und so ist ein Spaziergang durch die Auen etwas für die Küche, die Hausapotheke, die Seele und auch etwas für an Geschichte interessierte Menschen. In dieser schönsten Auenlandschaft Österreichs kann man auch die Schiffsmühle von Mureck besichtigen. Sie ist die einzige schwimmende, noch funktionierende Schiffsmühle Mitteleuropas und ein Beweis dafür, welch wichtige Lebensader die Mur darstellt, aber auch welche Kraft das Wasser der Mur hat, denn leider wurde die Mühle immer wieder bei Hochwasser beschädigt.

TIPP

Bärlauch könnte man mit den giftigen Blättern der Maiglöckchen verwechseln.

- Schiffsmühle, Am Mühlenhof 1, 8480 Mureck, Tel. +43 (34 72) 29 52 www.schiffsmuehle.at
- ÖPNV: Eurocity oder S5 nach Spielfeld-Straß, mit S51 nach Mureck, vom Bahnhof ca. 15 Minuten Gehzeit zur Schiffsmühle

# Wels und Pop-Kultur

## 52 Street-Art in Feldbach

Graffiti und Street-Art sind eigentlich Phänomene, die man mit dem urbanen Raum in Verbindung bringt, mit großen Städten und Ballungszentren. In Graz findet man ganze Gassen und Wände mit Graffiti-Kunst, aber auch immer mehr Wände auf dem Land und in kleineren Städten der Steiermark werden durch Spray-Kunst verschönert. Viele Betriebe, Geschäfte, Gemeinden, aber auch private Initiativen haben erkannt, dass diese Auftragswerke graue Gebäude innen und außen verschönern. In der Peripherie gibt es wahre Meisterwerke von Künstlern und Künstlerinnen, die sich auf der ganzen Welt schon lange einen Namen gemacht haben, zu entdecken. So etwa auch in Feldbach. Entlang der Raab, hinter der Schule, verläuft ein kleiner Spazierweg mit dem klingenden Namen „Küsserallee", und da findet man, schon etwas zugewachsen und versteckt, auf einer Hauswand am anderen Ufer ein großes Graffito von „Nychos", welches er 2013 gemacht hat. Wie es für den Künstler typisch ist, wird hier ein Wels in seine Bestandteile zerlegt, sodass seine Organe sichtbar werden. Viele bekannte Figuren wurden auf diese Art und Weise von ihm schon seziert: Tiere, Menschen, Arielle die Meerjungfrau, Meister Joda, der rosarote Panther, Drachen oder der Rockmusiker Lemmy. Es ist eigentlich eine Ehre, von Nychos grafisch „zerlegt" zu werden. Wie der Künstler selbst erklärt, ist er getrieben von einer Neugierde, wie tief man gehen kann und was sich unter der nächsten Schicht befindet. Er wurde in der Steiermark geboren, wo er in der Kindheit von Jägern umgeben war, deren Kultur ihn genauso inspirierte wie Pop-Kultur, Comics und Heavy Metal. Seine Werke findet man auf riesigen Hauswänden und Industriebauten auf der ganzen Welt, wie auch auf Leinwänden in Galerien. Er gilt in der Szene als Superstar, und trotzdem, und das ist das Schöne an Street-Art, findet man seine Kunst in der Steiermark auch ganz einfach „ums Eck" im öffentlichen Raum, nämlich in Hartberg, in Graz oder hier in Feldbach zu bestaunen, sooft man das möchte.

TIPP

Das Museum im Tabor in Feldbach.

- Spazier- und Radweg Küsserallee, 8330 Feldbach, www.nychos.com
- ÖPNV: Zug S3, Haltestelle Feldbach

# Schneegaudi

## 53 Rodeln am Salzstiegl

Volkssport Nummer eins in Österreich und in der Steiermark ist und bleibt das Skifahren, doch es gibt auch viele andere Wintersportarten, die von Jung und Alt geliebt werden. Da wäre zuerst einmal das Eislaufen, das man auf vielen Seen und Teichen der Steiermark und natürlich auch auf künstlich angelegten Plätzen in den Städten ausüben kann. Das sogenannte Salzstiegl ist eine kleine Alm in der Region Hirschegg/Pack. Der Weg zum Salzstiegl führt am Packer Stausee vorbei, auf dem man im Winter eislaufen kann. Am Salzstiegl geht es dann richtig sportlich zu: Snowboarden, Langlaufen, Skitourengehen, Schneeschuhwandern und natürlich Skifahren sind hier an der Winter-Tagesordnung. Der größte Spaß bei den Wintersportarten ist aber das Rodeln oder Schlittenfahren. Im kleinen Skigebiet Salzstiegl gibt es eine besonders coole Rodelstrecke, die in der Nacht beleuchtet ist. Was ist aufregender, die 2 Kilometer lange Fahrt mit dem Schlitten den Berg hinunter oder die Fahrt mit den Shuttlebussen auf den kurvigen Straßen den Berg wieder hinauf? Beides sorgt für einen Adrenalinkick sondergleichen. Die Rodelstrecke führt durch den Wald und ist teilweise extrem schnell und steil. Also sollte man das Rodeln auch nicht unterschätzen und am besten einen Helm tragen. Gut gesichert sind dem Spaß keine Grenzen gesetzt: Weinen vor lauter Lachen, rote Wangen, Herzrasen und Glücksschreie sind garantiert. Am Salzstiegl gibt es gemütliche Lokale, in denen man sich danach gut aufwärmen kann und in denen das Après-Rodeln auch nicht zu kurz kommt. Die Schlitten kann man entweder selbst mitnehmen oder vor Ort leihen. Die Rodelstrecke ist tagsüber geöffnet, aber in der Nacht, wenn die Skipisten geschlossen und dunkel sind, haben die wagemutigen Rodler und Rodlerinnen den ganzen Berg und eine gut beleuchtete Rodelpiste für sich, eine besondere Atmosphäre.

TIPP

In Hirschegger Loden für jedes Wetter gerüstet sein.

● Salzstiegl Tourismus GmbH, Salzstiegl 241, A-8584 Hirschegg, Tel. +43 (31 41) 21 60, www.salzstiegl.at

# Wanderidylle

## 54 Rund um Soboth

*Das Wandern ist des Müllers Lust …, Ein Hut, ein Stock, ein Damenunterrock …,* was gibt es nicht alles für Lieder, Spiele und Sprüche, um die Motivation beim Wandern aufrechtzuerhalten. Manchmal fällt es nicht ganz so leicht, stundenlang Schritt für Schritt zu machen, nur um des Gehens willen. In der Gemeinde Soboth ist das aber kein Problem. Das Dorf nennt sich „Wanderdorf", und es gibt hier viele unterschiedliche Wege, Routen, Ausflüge und Aktivitäten rund um den Ort zu erkunden, 100 Kilometer durch die grüne Hügellandschaft, alles Wege, die niemals langweilig werden. Da geht es sich fast von selbst. Ganz generell ist die Steiermark ein Wander-Eldorado, und es ist wirklich für jeden und jede etwas dabei: Klettersteige und hohe Berge mit sensationellem Panorama, Wandern entlang von Wasser durch steile Klammen, Wandern im Wald oder auf den Almen, Wanderwege für die ganze Familie und hochalpine Routen für Fortgeschrittene. Rund um Soboth befindet man sich am Dreiländereck. Das bedeutet, dass größere Wanderungen bis nach Slowenien und in das Nachbarbundesland Kärnten führen. Kleinere Wanderungen gehen einfach durch den Ort selbst. Der Dorfweg Soboth dauert ca. 45 Minuten und wird von Dorfgeschichten und Sagen am Wegesrand begleitet. Besonders abwechslungsreich ist der „Weg der Wandlung", ein Rundweg über Bäche, Kuhwiesen, Wälder und durch den Ort, mit vielen Spielen und Herausforderungen für die ganze Familie. Die richtige Verpflegung für die kleinen und großen Abenteurer, denn ohne Jause macht es keinen Spaß, bekommt man im Kaufhaus Tschuchnigg, einer Sobother Institution. Die Broschüren für alle Touren sind zweisprachig und bei einigen Wanderungen sollte man den Reisepass nicht vergessen. Denn es geht schnell, ein paar Schritte mehr und hinter der nächsten Kurve ist man schon in Slowenien.

TIPP
Gehört zu jeder Wanderung – das Kultgetränk „Rotes Kracherl".

- Soboth-aktiv-Dorfentwicklungsverein, Soboth 81, 8554 Eibiswald, www.soboth.eu
- ÖPNV: Bus 755, Haltestelle Soboth Ort

DORFWEG SOBOTH

# Die Kraft der Vulkane

## 55 Vulkanarena

Im Thermen- und Vulkanland im Südosten der Steiermark kann man die Energie von zwei Millionen Jahre altem Gestein und die Kraft der Vulkane spüren, schmecken und sehen. Die Vulkane ruhen zwar und sind heute keine Gefahr mehr, aber die Kraft der Urzeit machen sich die Menschen noch immer zunutze. Dieser Boden und die feurige Geschichte der Gegend sind der Grund für zahlreiche Schätze, die man hier findet. Bei den Weinen macht der mineralische Boden den besonderen Geschmack aus. Obst und Gemüse gedeihen in dieser feurigen Erde ebenfalls besonders gut. So ist das steirische Vulkanland in der Kulinarik bereits zur Marke geworden. Die vulkanische Vergangenheit ist der Grund, warum hier schon seit der Römerzeit heiße Thermalquellen genutzt werden. Das warme Wasser tut gut, heilt und liefert neue Lebensenergie, egal ob man es trinkt oder darin badet. Dazu kommt noch das (fast) einzigartige Klima der Südoststeiermark, das man so nur noch in Neuseeland findet. Und gerade hier in der Oststeiermark gibt es besondere Kraftorte, an denen Energie getankt werden kann. So auch der alte Vulkansteinbruch mitten im Wald unweit der Stadt Fehring. Das ist ein Basaltsteinbruch, der 400 Jahre lang genutzt wurde und heute „Vulkanarena" genannt wird. Er ist verwachsen und liegt sehr versteckt im Wald. Man sollte auf den Wegen bleiben, wenn man in die Nähe des Steinbruches kommt, denn sonst könnte es sehr plötzlich bergab gehen, und man fällt regelrecht in den Steinbruch hinein. Durch den Abbau hat sich diese besondere Form gebildet, ein Einschnitt in den Hügel, der an ein Amphitheater erinnert. Wären da nicht der Steinbruch und die romantische Kapelle direkt davor im Wald, so wäre der schöne Laubwald alleine schon sehenswert. Es führt ein Wanderweg vorbei, bei dem man einige Male einen Blick auf die spektakuläre Riegersburg werfen kann. Immer wieder gibt es Bänke und Tische, wo man am Weg, mit bester Aussicht, eine vulkanische Jause genießen kann.

TIPP

Das Fest Most + Jazz in Fehring.

- Vulkanarena und Waldkapelle, 8350 Fehring, www.fehring.at
- ÖPNV: Bus 409, Haltestelle Fehring Hauptplatz, ca. 25 Minuten Fußweg

# Schatz oder Müll?

## 56 Museum der verstoßenen Schätze in Straden

Sind wir nicht alle im Grunde Jäger und Sammler geblieben? Es gibt kaum einen Menschen, in dem nicht diese Passion schlummert. Fast jeden und jede von uns packt früher oder später eine ganz individuelle Sammelleidenschaft. Golfbälle, Traktoren, Brücken oder Kloschüsseln werden beispielsweise in einigen Familien in der Steiermark gesammelt und auch ausgestellt. Professionellere Sammlungen wie Jagdtrophäen, Rüstungen und Votivbilder finden sich in bekannteren Museen wieder. In Adelshäusern war es „chic", eine ganze Kunstkammer zu besitzen, in der ebenfalls bunt gesammelt wurde, was gefiel, von echten Kostbarkeiten bis zu skurrilen Besonderheiten. Wir Menschen sammeln gerne Schätze, daher erfreuen sich auch Flohmärkte und Raritätenmärkte nach wie vor großer Beliebtheit. Hier wird gleichzeitig gesammelt und gejagt. Was ein Schatz ist und was nicht, liegt aber im Auge des Betrachters oder der Betrachterin. Was andere nicht mehr brauchen können, ist vielleicht genau das Stück, das man schon immer gesucht hat. Die Familie Schwarz hat „Schätze" gesammelt, die andere in den Müll geworfen haben. Herr Schwarz war bei der Müllabfuhr tätig und brachte mit nach Hause, was ihm gefiel. Heute kann man die Sammlung der „verstoßenen Schätze", mehr als 4000 Stück, in einem kleinen Museum in der Nähe von Straden besichtigen. Nach einer anfänglichen Schreckminute in Anbetracht der Fülle von Dingen beginnt man das Besondere zu entdecken. Die Regale und Schaukästen sind nach gewissen Prinzipien geordnet. Da gibt es Glas, Keramik, Steine neben Armbanduhren und Devotionalien, Spielzeug und Souvenirs, Werkzeuge und Dekorationen. Sogar die Regale, in denen die Objekte ausgestellt werden, sind noch zusätzlich mit Spitzenborten und Stoffen behängt. Frau Schwarz kann zu fast allem eine Geschichte erzählen. Ihre Lieblingsdinge sind die Spieluhren, die sie gerne vorspielt.

TIPP

Schloss Poppendorf bei Gleichenberg.

- Alois und Margareta Schwarz, Grub II 28 Straden, Tel. +43 (6 64) 4 68 01 22
  www.museen-vulkanland.at
- ÖPNV: Bus 416, Haltestelle Straden Schule

# Bei den Tschickweibern

57

## Pfeilburg Fürstenfeld

Ein Ort der Frauengeschichte, Industriegeschichte und Militärgeschichte vereint, das ist die Pfeilburg in Fürstenfeld. Das ganze Haus ist heute ein Museum. Durch den Anbau und die Verarbeitung von Tabak wurde Fürstenfeld im 17. Jahrhundert zur zweitgrößten Stadt der Steiermark. Neben der Tabakfabrik und der Pfeilburg aus dem 13. Jahrhundert, wurden auch die Dachböden des Ortes zum Trocknen von Tabak genutzt. Erst 2005 wurde die Tabak-Produktion hier eingestellt. Heute gibt es nurmehr wenige Produkte aus österreichischem Tabak wie die Ostarrichi-Zigarre. 3000 Menschen arbeiteten früher in der Fabrik, darunter viele Frauen. Sie wurden „Tschickweiber" genannt. „Tschicken" ist der umgangssprachliche Ausdruck für „rauchen". Diese Frauen waren ihrer Zeit voraus, sie waren selbstbewusst, oft unverheiratet. Sie zogen in die Stadt, um sich die langen Wege zur Arbeit zu ersparen, verdienten ihr eigenes Geld und genossen daher gewisse Freiheiten, die andere Frauen um 1900 nicht hatten. Als ihnen die Löhne gekürzt wurden, protestierten sie und mischten Haare in den Tabak. Mit den Tschickweibern war nicht zu spaßen. Vor allem aber wurden diese Frauen politisch aktiv, bildeten Vereine und kämpften für ihre Rechte. Vielleicht liegt der Mut im Blut der Fürstenfelderinnen. In dieser Stadt war das Leben nie einfach. Es gab Einfälle der Ungarn, Türken und Kuruzen, die Stadt war Lazarettstadt. Sie wurde von napoleonischen Truppen besetzt, und im Zweiten Weltkrieg gab es hier schwere Kampfhandlungen. Entlang des Festungswegs erfährt man mit einer Führung noch mehr von dieser wehrhaften Stadt. Aber die Fürstenfelder haben immer weitergemacht. Zur Zeit des Eisernen Vorhangs galt Fürstenfeld als Ende der Welt, und doch kehrten die Menschen immer gerne zurück. *I wü ham nach Fürstenföd* heißt es im berühmten Austropop-Lied der Popgruppe STS, das kann man nachvollziehen.

TIPP

Das Geschäft Flinker Faden direkt bei der Pfeilburg.

- Museum Pfeilburg Fürstenfeld, Klostergasse 18, 8280 Fürstenfeld, Tel. +43 (33 82) 5 54 70, www.museum-pfeilburg.at
- ÖPNV: Bus X41, Haltestelle Fürstenfeld Grazer Platz

# Die Würze des Lebens

## 58 Gewürze Mallaschitz

Lust auf einen Abstecher nach Italien? Dafür muss man nicht so weit fahren, sondern kann gemütlich in der Steiermark bleiben, im Zentrum der sogenannten steirischen Toskana. Rund um Leibnitz findet man Wein und Weinberge und römische Ausgrabungen, denn schon in der Antike kannte man offenbar die besten Plätze. Hier herrscht ein südliches Klima, nicht nur was das Wetter betrifft, sondern auch was den Flair der Stadt angeht. In Leibnitz gibt es Kaffeehäuser, kühle Getränke und gutes Eis, auffällig viele schöne Boutiquen, in denen man sich von Kopf bis Fuß extravagant oder elegant einkleiden kann, und ein Geschäft, das sogar in weit entfernte Länder und in die 1950er-Jahre entführt: das Mallaschitz. Es ist ein Laden für Gewürze, Tee, Zuckerl, und außerdem findet man hier alles, was man braucht, um Würstel zu machen. So hat nämlich alles einmal angefangen. Herr Mallaschitz ist in die Umgebung gefahren, um den Bauern Därme und Salz zu verkaufen, damit sie die steirischen Würstel herstellen konnten. Wahrscheinlich ist es das letzte Fachgeschäft dieser Art, doch es gibt dort noch viel mehr zu bestaunen. Selbst wenn es hier nichts zu kaufen gäbe, wäre das Geschäft einen Besuch wert, denn die alte Waage, die vielen Becher und Gläser mit bunten Zuckerl, die Dosen und Sackerl mit Gewürzen und Salzen erinnern an eine Greißlerei aus vergangenen Tagen. In so einem Miniaturkaufhaus hat man sich früher alles Mögliche zeigen und bringen lassen, Selbstbedienung wie im Supermarkt heute gab es nicht. So funktioniert auch der Einkauf bei Mallaschitz nicht anonym, sondern mit Beratung und Kundenservice, so kommt man ganz automatisch ins Gespräch. Das Sortiment ist aber ganz und gar nicht veraltet, und so einige exotische Gewürze, die man in den 1950ern wahrscheinlich nicht gekauft hätte, beispielsweise Curry, sind heute ebenso verfügbar wie auch regionale Klassiker, zum Beispiel Heidenmehl (Buchweizenmehl), mit dem in der Steiermark schon seit jeher Heidensterz gekocht wird.

TIPP

„Literarische Nahversorgung“ und weitere Tipps gibt's gegenüber.

● Mallaschitz Gewürze, Schmiedgasse 5, 8430 Leibnitz, Tel. +43 (34 52) 8 27 54
www.mallaschitz.at
● ÖPNV: Zug, Haltestelle Leibnitz Bahnhof

Chili con carne
Chili-Fäden
Chili-Röllchen
Chili Bird Eyes
Curry Mango
Ananas Curry
Erdbeer Curry
Thai Curry
Curry Murg Kari
Leber-knödel
Karibik
Kräuter-butter
Frühlings-kräuter
Schafs-käse
Raclette
Rinds-braten
0,25
Rusti Mix
Ras-el Hanout
Pasta Asciutta

# Stilles Örtchen

## 59 Sky Toilet in Schladming

Jeder und jede verbringt dort viel Zeit, wir sprechen aber nicht oft darüber und äußern nur ungern unsere Vorlieben und Erlebnisse diesbezüglich. Es kann schon mal zum richtigen Sehnsuchtsort werden, vor allem wenn es dringend ist. Dieses „stille Örtchen“ kann ein „Häusl“ sein oder auch einfach ein Loch, ein Balken oder ein gekachelter Raum. Es gibt also große kulturelle Unterschiede. Die Rede ist natürlich von der Toilette. Das ist nicht immer ein Glücksort, aber hier in der Steiermark macht zumindest eine Toilette sicher glücklich und liefert den Extraadrenalinkick noch dazu. Eine „Sitzung“ auf der „Sky Toilet“ auf der Planai in Schladming gegenüber vom Burgstallalmlift ist sicher unvergesslich. Man öffnet die Tür zur Toiletten-Kabine und sieht hinter der Kloschüssel ein großes Fenster. Man setzt sich darauf, und gegenüber erstreckt sich das atemberaubende Panorama der Alpen. Das Panoramafenster reicht bis zum Boden, sodass man sich von der Bergwelt geradezu umschlungen fühlt. Bergketten, steile Wände, grüne Almen und schneebedeckte Gipfel oder winterlich tief verschneite Landschaften, was für ein befreiendes Gefühl, sich hier zu erleichtern. Sollte die Natur allein nicht Unterhaltung genug bieten, kann man zudem die Sportler und Sportlerinnen beobachten, die gleich über dem Klo mit der Gondel den Berg rauffahren. Zugegeben, auf der Toilette unter einer Gondel zu sitzen, ist etwas irritierend, denn man fühlt sich beobachtet. Hemmungen muss man keine haben, denn es handelt sich hier um ein verspiegeltes Glas, das von außen, von der Gondel aus, nicht einsichtig ist. Die Skifahrer oder Wanderer draußen sehen also nur in einen Spiegel, und die Privatsphäre bleibt gewahrt. Wenn der „Klogang“ schon so ein Erlebnis ist, dann kann man erahnen, was erst auf den Pisten und Wiesen los ist. Sommers wie winters locken zahllose Attraktionen wie eine Klangpiste oder das „Hopsiland“ für Kinder auf den Berg, die Pisten und die Almen sprechen aber auch einfach für sich und bieten Spaß für die ganze Familie.

TIPP

Mitfiebern beim Nachtslalom auf der Planai.

● Region Schladming Dachstein, Tel. +43 (36 87) 2 33 10
www.schladming-dachstein.at
● ÖPNV: Bus 960, Haltestelle Planai Bahn Talstation

## 60 Absteige zur bärtigen Therese

Wenn sich zwei Künstler-Pärchen treffen und frische Almluft dazukommt, dann entsteht ein ganz besonderer Glücksort. Im lieblichen Sommerfrische-Ort Trahütten gibt es seit Kurzem eine weitere Attraktion, schon der Name klingt vielversprechend: die Absteige zur bärtigen Therese. Das ist eine alte Pension, die früher einmal von einer Frau namens Therese geführt wurde. Das Künstler Duo itshe+io betreibt heute das Haus, und sie sind die besten und auch ungewöhnlichsten Gastgeber, die man sich nur vorstellen kann. Hier gibt es also Sommerfrische wie früher, nur auf eine andere Art. Im Haus sind nicht nur Gästezimmer, sondern auch Studios und die Design-Agentur Self Sight Seeing Company zu Hause. Man kann mit einer sensationellen Aussicht nach wie vor im Garten entspannen, aber ab und zu gibt es auch schrille Veranstaltung oder gar ein Wochenende, an dem nur Damen geladen und sogar die Hausherren selbst nicht anwesend sind. Das Haus erinnert an alte Zeiten, die große Kollage auf der Hauswand beweist aber gleich, dass hier ein neuer Wind weht. Diese und eine Wand im Inneren des Hauses sind von Pabuku gestaltet worden. Dieses zweite Künstler-Pärchen, das hinter Pabuku steckt, hat schon eine gewisse Bekanntheit erlangt. Sie gestalten unverwechselbare Kollagen. Ihr Motto lautet „*Normal ist nur eine Illusion*“, und passend dazu scheut Pabuku nicht davor zurück, ungewohnte Motive in Szene zu setzen, starke „Muskelmänner“ im Tütü, die Gewichte stemmen zum Beispiel. Denn was ist schon normal? Spielerisch werden Gender-Stereotypen aufgelöst und männliche Figuren mit typisch weiblichen Accessoires in Verbindung gebracht und umgekehrt. Hier bei Therese werden die Gäste von einem bärtigen Damengesicht an der Wand empfangen. Was nämlich Pabuku und itshe+io besonders wichtig ist, dieses Haus soll offen für alle sein und ein „Save Space“ der LGTBQI+ Community.

TIPP

Ebenfalls in Trahütten: die denkmalgeschützte Villa des Komponisten Alban Berg.

● Absteige zur bärtigen Therese, Alexander Kortschak Weg 6, 8530 Trahütten, Tel. +43 (69 91) 7 02 79 07, www.absteige.eu

# Wilde Mur

## 61 Murpromenade von Murau

Die Mur in Murau (gesprochen Mur-Au) ist so wild wie kaum sonst wo in der Steiermark. Sie ist an diesem Punkt noch nicht lange in der Steiermark, da sie in Salzburg entspringt, und es scheint fast so, als wüsste sie noch nicht, dass man sich als Hauptfluss der Steiermark eigentlich zu benehmen hat. Die Mur gilt als die Lebensader des Landes, an ihren Ufern findet man die größten Städte, und deshalb können auch die meisten Steirerinnen und Steirer behaupten, an der Mur zu leben. Das eisblaue oder hellgrüne Wasser schlägt unter der Bahnhofsbrücke von Murau richtig große Wellen. Links und rechts der Mur gibt es eine Uferpromenade. Wenn man auf Höhe der Altstadt unter der Bahnhofsbrücke spazieren geht, dann ist das Wasser dort besonders laut, sodass man das eigene Wort gar nicht hören kann. Auf der Altstadtseite befinden sich neben dem Gehweg außerdem gepflegte Gärten, die auf Terrassen angelegt wurden, und darüber stehen die stolzen Häuser der Stadt Murau. Noch einige Straßen weiter, wo man die Mur gar nicht mehr sehen kann, hört man noch ihr Rauschen. Das macht eine Übernachtung in Murau übrigens besonders erholsam. Auf einem Stein in der Mur entdeckt man außerdem eine Figur, einen weiblichen Wassergeist oder eine Nixe, die den jungen Fluss symbolisieren soll und die für das pure Leben steht. Sie heißt Murna. In Murau dreht sich alles ums Wasser, und das Wasser dreht sich um Murau. Die Mur und der Rantenbach winden sich durch den kleinen Ort. Man kann sich vorstellen, warum hier eine Stadt gebaut wurde und sogar die keltische Hauptstadt Noreia hier in der Gegend vermutet wird. Bodenschätze, Handel und der Transport auf der Mur waren ausschlaggebend, dass hier eine Stadt gegründet wurde. Die Mur ist nicht nur die Lebensader der Steiermark, sondern auch das pulsierende Herz von Murau, der Stadt am wilden Wasser.

TIPP

Zirbenholzbögen und Kindermode von lilamarie.

● Murpromenade unter Bahnhofsbrücke, Tourismusverband Murau-Kreischberg, Liechtensteinstraße 3–5, 8850 Murau, Tel. +43 (35 32) 27 20, www.regionmurau.at

● ÖPNV: Bus 890, Haltestelle St. Egidi Kalkofen

# Himmlischer Garten

## 62 Wohlfühlgarten im Stift St. Lambrecht

Österreich ist dafür bekannt, ein Land großer Klöster zu sein. Auch in der Steiermark findet man einige imposante Klöster und Stifte. Es lohnt sich, jedes einzelne zu besuchen, denn diese waren immer das kulturelle, wirtschaftliche und natürlich religiöse Zentrum einer ganzen Region. Doch nicht jedes Gotteshaus hat so einen Garten wie das Benediktinerstift St. Lambrecht. Schon am Weg zum Stift muss man sich ganz einfach in die Landschaft verlieben. Grüne Wiesen, auf denen Kühe grasen, schöne Bauernhöfe, die gehegt und gepflegt werden, Obstgärten und im Hintergrund oft schneebedeckte Berge. Das ist eine Landschaft wie aus einem Bilderbuch. In der Steiermark gibt es diese Landschaft wirklich, sie heißt Naturpark Zirbitzkogel-Grebenzen – und inmitten dieser Naturlandschaft liegt der kleine Ort St. Lambrecht. Dort befindet sich das große 900 Jahre alte Stift, ein Zentrum für Seelsorge, Kunst, Kultur und Botanik. Die Veranstaltungen reichen von Theater bis zu Gartenschauen, von Gottesdiensten bis zu Konzerten. Angefangen von einem romanischen Karner über die gotische Kirche bis hin zum barocken Kloster und modernen Zubauten ist das Stift ein Stück Architektur-Geschichte. Aus dem klösterlichen Leben nicht wegzudenken ist der Garten. Nutzpflanzen, Heilpflanzen und Pflanzen aus der Bibel wurden und werden hier kultiviert. Der Stiftsgarten, der „Wohlfühlgarten" genannt wird, ist in vier Bereiche aufgeteilt, die für die vier Elemente stehen. In der Mitte ist ein Pavillon, der vor der Kulisse der Berge und Almen wunderbar hervorsticht. Der Stiftsgarten kann besichtigt werden und dient zur Erholung und Meditation, aber hier wird auch gesportelt, und die Pflanzen sind nicht nur zu Dekorationszwecken da. Das Projekt „domenico" der Caritas Steiermark ist zuständig für die Bepflanzung, Pflege, Ernte und Weiterverarbeitung der Pflanzen. Das Ergebnis sind himmlische Produkte wie Salze, Tees, Marmeladen oder Säfte.

TIPP

Die Peterskirche im Stift St. Lambrecht.

- Benediktinerstift St. Lambrecht, Hauptstraße 1, 8813 St. Lambrecht, Tel. +43 (35 85) 2 30 50, www.stift-stlambrecht.at
- ÖPNV: Bus 885, Haltestelle St. Lambrecht Alexanderhof

# Cäcilia im Weingarten

63

## Die Schutzpatronin der Musiker und Musikerinnen

Was kann es für einen schöneren Ort geben als ein Bankerl mit Aussicht mitten im Weingarten in der Südsteiermark? Hier sitzt man noch dazu in bester Gesellschaft, gleich neben der heiligen Cäcilia. Sie ist die Schutzpatronin der Musiker und Musikerinnen und wacht in der Steiermark über viele talentierte Menschen und deren Instrumente. Von Klassik bis Pop, von Rock bis Schlager, in der Steiermark hört man ganz verschiedene Musikrichtungen. Während der Styriarte, das Festival für klassische Musik, das jährlich im Sommer stattfindet, setzt sich eine „Klangwolke" über das Land, und ein Konzert wird durch viele verschiedene Medien bei privaten und öffentlichen Veranstaltungen live übertragen. So wird das ganze Land in einer Sommernacht zum Konzertsaal. In der steirischen Volksmusik ist ein ganz anderes Instrument obligatorisch: die „Steirische Harmonika" oder auch „Steirische, Quetschn, Rumpl, Ziach, Zugin, Knöpferlharmonika oder Harmonie" genannt, „Faltenradio" und „Heimatluftkompressor". Sie ist eine Variante des Akkordeons mit Knöpfen anstelle von Tasten. Sie gehört zu steirischer Volksmusik einfach dazu wie ein Hackbrett, eine Bassgeige, Blasinstrumente, Hörner oder ausgefallenere Instrumente wie die Teufelsgeige, bestehend aus Schellen und Glocken auf einem Stock, bekrönt von einer Kasperlfigur. Cäcilia blickt hier auf ein ganz besonderes musikalisches Haus. Wer sich eine Steirische Harmonika anfertigen lassen möchte, der ist beim Harmonika-Bauer Hermann Jamnik gut aufgehoben. Seine Werkstatt befindet sich gleich am Fuße des Weingartens. Von der Auswahl des Holzes bis zur Bemalung und Verzierung des Instruments erfolgen alle Schritte im Familienbetrieb in sorgfältiger Handarbeit. Fließbandarbeit ist nicht möglich und bei den Musikern und Musikerinnen auch nicht erwünscht. Viele sind überzeugt, dass man die Liebe zum Detail und die Tatsache, dass jedes noch so kleine „Knopferl" der Harmonika durch die Hände der Familie Jamnik gewandert ist, hören kann. Jede Harmonika, die seine Werkstatt verlässt, ist ein Unikat und ein Stück Steiermark.

TIPP

Ein Picknick mit Picknickkorb vom Stammhaus Dreisiebner.

● Weingarten bei Stammhaus Dreisiebner, Sulztal a.d. Weinstraße 35, 8461 Gamlitz, Tel. +43 (34 53) 25 90, www.dreisiebner.com
● ÖPNV: Bus 619, Haltestelle Glanz Valentinstüberl

# Holzarbeit macht Spaß

## 64 Das Holzknechtland auf der Bürgeralpe

Am Hausberg von Mariazell, auf der Bürgeralpe, gibt es eine Alm für die ganze Familie. Man kann entweder zum sogenannten Holzknechtland wandern oder direkt im Stadtzentrum mit Kind und Kegel, Hund und Kinderwagen in die Gondel einsteigen. Erwachsene könnten die Gondelfahrt sogar nutzen, um während der Fahrt regionalen Whisky zu verkosten. Man lässt sich hier einiges einfallen. Oben gut angekommen kann man weiterwandern und auf längeren und kürzeren Wegen die Gegend erkunden. Ein besonderes Highlight ist die Erzherzog Johann Aussichtswarte. Wohnt da Rapunzel? So ähnlich muss der Turm aus dem Märchen wohl aussehen. Am Berg gibt es Bike Trails, die es in sich haben, also für Fortgeschrittene sind. Oder man stürzt sich ins Vergnügen rund um Wasser, Holz und Wald. Im Holzknechtland gibt es gleich mehrere Kugelbahnen, Laufräder und Dreiräder zum Ausprobieren, man kann eine Stempeljagd machen oder ein Orientierungsspiel. Hoch hinauf geht es mit der Seilrutsche, es gibt sogar einen kleinen Zug, Wassersport und einen großen Spielplatz mit allem, was ein Kinderherz erfreut. Kinder und auch die Erwachsenen werden vom Wasser sofort wie magisch angezogen. Im Holzknechtland sollte man darauf vorbereitet sein, dass man nass wird. Bei diesem Ausflug gönnt man den Kindern am besten den Spaß und nimmt einfach eine zweite trockene Garnitur Kleidung mit. Und noch etwas sollte mit im Gepäck sein: Mariazeller Lebkuchen, falls die Kleinen bei der Holzarbeit plötzlich hungrig werden. Man darf mit Stöcken versuchen, kleine Holzstämme den Bach runterzuleiten. Dabei laufen die Kinder den kleinen Bach unermüdlich rauf und runter, was nämlich gar nicht so einfach ist und Geschicklichkeit und Geduld erfordert. Eine Kurve und ein Wasserrad weiter darf man „Rinden-Schiff-Ingenieur" sein und die geschnitzten Kunstwerke im Bach gleich ausprobieren. Selbst wenn das Wasser noch dazu von oben in Form von Regen kommt, lässt sich hier keiner den Spaß verderben.

TIPP
Jufa-Hotels sind ideal für Familienurlaube.

- Erlebniswelt Holzknechtland, Bürgeralpe, Wiener Strraße 24, 8630 Mariazell, Tel. +43 (38 82) 25 55, www.buergeralpe.at
- ÖPNV: Bus 170, Haltestelle Mariazell Busbahnhof, Gondel

Steiermark

# Auf Schatzsuche

## 65 Drei-Seen-Tour

Sagenumwoben sind die Seen des Salzkammerguts, denn sie sind tief und dunkel, weitestgehend naturbelassen und voller Geschichte. So ranken sich zahlreiche Legenden rund um die Schätze und Geheimnisse dieser Gewässer. Um auf Schatzsuche zu gehen, bietet sich für Einsteiger ganz pragmatisch die Drei-Seen-Tour an. Man startet am Grundlsee, der auch „steirisches Meer" genannt wird und der größte See der Steiermark ist. Ganz bequem nimmt man das alte Schiff, die MS Rudolf, und lässt sich zum Ausgangspunkt einer kleinen Wanderung fahren. Ca. 30 Minuten Fußmarsch durch ein märchenhaftes Naturschutzgebiet und über kleine Brücken, die über Bäche führen, entlang grüner Lichtungen und mit einem herrlichen Ausblick auf die steile Gößler Wand. Dann gelangt man zum zweiten See, dem Toplitzsee. Zwei Häuser stehen an seinem Ufer, sonst gibt es nur Wald und Wildnis. Der Toplitzsee ist über 100 Meter tief. Alles, was zum Seegrund sinkt, bleibt dort, der niedrige Sauerstoffgehalt am Grund des Sees verlangsamt die Zersetzung. Man erzählt sich, die Nazis hätten am Ende des Krieges geraubtes Gold und Schätze hier versenkt. Gefunden hat das Gold niemand, gesucht haben viele. Mit einem hölzernen Boot, Plätte genannt, kommt man schließlich zum dritten See, dem Kammersee. Das ist ein kleiner See, der vollständig von Wald umgeben ist. Der fünfminütige Weg entlang einer künstlich angelegten Schlucht aus dem 16. Jahrhundert ist magisch, und man würde sich nicht wundern, einen Wassergeist oder eine Nixe zu erblicken. Am Ende der Tour ist gewiss, dass der wahre Schatz dieser Seen nicht Gold oder Silber ist, sondern die wilden Wasserfälle, die klaren Gebirgsbäche, die fischreichen Gewässer und die tiefen Seen, um die herum man der Natur Ruhe gönnt. Es ist ein wahrer Luxus, durch bestes Trinkwasser zu fahren und einfach am Weg im Bach nebenan die Trinkflaschen auffüllen zu können.

TIPP

Fisch essen in der Fischerhütte direkt am Toplitzsee.

- Drei-Seen-Tour: Schifffahrt Grundlsee, Mosern 22, 8993 Grundlsee, Tel. +43 (36 22) 86 04 43 33, www.grundlsee.at, www.schifffahrt-grundlsee.at
- ÖPNV: RegioBus Linie 956, Haltestelle Grundlsee

# Romantisches Mittelalter

## 66 Frauenburg bei Unzmarkt

Von wegen „dunkles Mittelalter". Diese Redewendung stammt hauptsächlich daher, dass man lange wenig über das Mittelalter wusste. In dieser großen Zeitspanne wurde vergleichbar wenig geschrieben und hinterlassen. Die Zeiten waren aber nicht „dunkler" oder „heller" als andere Epochen der Geschichte. Die Steiermark war im Mittelalter sogar das Zuhause eines „Stars", des Minnesängers Ulrich von Liechtenstein. Er zog im 13. Jahrhundert durchs Land und sang, vereinfacht gesagt, den Frauen auf den Burgen und Schlössern etwas vor. Das war modern. Im ersten deutschen Ich-Roman, in „Das Frauenbuch", wurden die skurrilsten Geschichten, quasi Mutproben, die ein Mann im ritterlichen Dienst und zur Ehre der Frau machen musste, niedergeschrieben. Verkleidet als Venus durchs Land ziehen, sich den Finger abtrennen und der Geliebten schön verpackt schicken, das galt wohl alles als besonders romantisch. Die Romanistin Sarah Kay schrieb über ihn: *Ulrich von Liechtenstein ist einer der wenigen Autoren des deutschen Mittelalters, der wirklich nicht fehl am Platz gewesen wäre in der französischen Literaturszene.* Tatsächlich war Ulrich von Liechtenstein ein einflussreicher und wohlhabender steirischer Adeliger, seine Minne-Geschichten basieren, bis auf wenige Ausnahmen, nicht auf wahren Begebenheiten, aber spannend sind sie trotzdem. Sein liebster Wohnort ist historisch belegt – die romanische Frauenburg bei Unzmarkt. Nach einem kurzen Spazierweg gelangt man über ein Tor in den Burghof und von dort in den Wohnturm. Nur mehr die hohen, 2 Meter dicken Mauern lassen erahnen, wie mächtig diese Burg einst war. Wehrtürme, ein Brunnen, ein Friedhof und Gärten sind leider nicht mehr erhalten. Jeder und jede darf sich hier inmitten der Burgruinen in der Minnekunst probieren und Liebeserklärungen vor den Burgfenstern zum Besten geben. Auch die kleine Kirche unter der Ruine steckt voller Geschichte und Geschichten, allerdings nicht von der Familie Liechtenstein, sondern der Herren und Grafen von Stubenberg.

TIPP

Die Stadtbefestigung von Oberwölz.

- Frauenburg, Burgstraße 48, 8600 Frauenburg. Tel. +43 (35 83) 2 20 40
www.unzmarkt-frauenburg.at
- ÖPNV: Zug S8, Haltestelle Unzmarkt Bahnhof, ca. 30 Minuten Fußweg

# Entspannung am See

## 67 Zum Erlaufsee

Wo gibt es denn so was? Im Ort mit Badetasche in eine alte Dampf-Eisenbahn mit Rauch und Signalhorn einsteigen und direkt beim Strandbad am Ufer eines Bergsees wieder aussteigen. Diese Art der Anreise gibt es von Mariazell bis zum Erlaufsee. Die alte Bahn und die Lokomotiven werden von einem Verein betrieben. Im Sommer kann man am Wochenende stündlich zwischen dem Wallfahrtsort Mariazell und dem See pendeln. Der liegt an der Grenze zu Niederösterreich. Er ist nicht überlaufen, das Wasser ist, so wie man es in Österreich fast überall gewohnt ist, klarstes Trinkwasser. Im Sommer bleibt der See erfrischend kühl. Für das Strandbad zahlt man keinen Eintritt, und das Gelände ist sauber und gepflegt. Die Holzstege ragen malerisch in das dunkelgrüne Wasser. Ein perfektes Foto-Motiv, das auf eine Postkarte passen würde, sind die bunten Boote vom Bootsverleih und die kleine Strandbar mit bunten Sesseln und Tischen vor dem Hintergrund des dunklen Sees. Man sollte unbedingt eine Bootsfahrt unternehmen und den schönen kleinen See, der umgeben ist von hohen Bergen, auskundschaften. Dafür kann man übrigens auch das alte Schiff „Christina" besteigen und sich schippern lassen. Eine kleine Seeführung ist, wenn man fragt, inklusive. Gerade müde „Pilgerknochen" können entlang des Seeufers so richtig entspannen und sich erholen. Besondere Heilmittel, nach alten Rezepten hergestellt, gibt es von der Apotheke zur Gnadenmutter in Mariazell, ein UNESCO-Weltkulturerbe. Damit steht einem regenerierenden Seebesuch nichts mehr im Wege. In Finnland schwört man auf einen Saunabesuch mit anschließender Abkühlung im Schnee. In der Steiermark gibt es andere Tricks, die ein unbeschreibliches Glücksgefühl auslösen. Einfach in das kalte, klare Bergsee-Wasser springen, was sicherlich etwas Überwindung kostet. Gleich danach legt man sich auf einen warmen Holzsteg, beobachtet durch den Spalt das Wasser darunter und lässt sich in der Sonne trocknen.

TIPP

Ruhe und Privatsphäre findet man auf den Stegen von Monte Styria Mariazell.

- Erlaufsee, 8630 Mariazell, www.erlaufsee.net, www.museumstramway.at
- ÖPNV: Bus 197, Haltestelle Erlaufsee oder mit der Museumstramway

# Den Stadtkern berühren

## 68 Altstadt von Graz

Graz ist eine Stadt so voll von Glücksorten, wie man es nur selten findet. Die Landeshauptstadt der Steiermark, zweitgrößte Stadt Österreichs, Weltkulturerbe, City of Design und Genusshauptstadt, ist lebendig, steckt voller Überraschungen und spannender Gegensätze. Aber Graz ist auch heimelig und einfach wahnsinnig sympathisch. Graz verdient es, nicht nur auf der Durchreise besichtigt zu werden, hier sollte man so viel Zeit wie möglich einplanen. Am besten macht man es wie die Grazerinnen und Grazer, die Marktplätze besuchen, in der Herrengasse und den kleinen Nebenstraßen einkaufen oder in eine der vielen Galerien oder Museen gehen. Architektonisch besonders bemerkenswert sind die Grazer Hofstätten, Häuser mit Innenhöfen, in denen man sich aufhalten kann. Die geschützte Dachlandschaft kann man vom Schloßberg aus bewundern. Einzigartig ist in Graz, dass man den Stadtkern nicht nur durchwandern und besichtigen kann, man kann den Kern sogar berühren. Unweit der berühmten Doppelwendeltreppe in der Grazer Burg versteckt er sich, der Stadtkern. Das ist eine Skulptur in Form eines Pfirsichkerns, der genau in der Mitte von Graz platziert wurde. Vom Kern aus blickt man über die Ehrengalerie und über die Köpfe von einigen berühmten Grazerinnen und Grazern. Die Arkaden sind Teil der Grazer Burg, die immer als politisches Zentrum galt und gilt. Hier hat Kaiser Friedrich residiert oder Erzherzog Karl, heute sind in der Grazer Burg die Büros des Landeshauptmanns untergebracht. Durch den Durchgang gelangt man in den bezaubernden Burggarten, der ist immer einen Besuch wert, denn er beheimatet ein paar botanische Sensationen wie einen Haselnussbaum (normalerweise gibt es nur Haselnusssträucher). Im Stadtkern findet man an jeder Ecke Geschichte und Geschichten, viel Natur und romantische Plätze, tolle Geschäfte, köstliche Lokale, verrückte Festivals und sehr viel Ruhe und Gelassenheit. In Graz findet jeder den persönlichen Glücksmoment an einem der vielen Glücksorte.

TIPP

Stadtführungen mit Discover Graz – young and free tours. www.discover-graz.at.

- Grazer Burg, Hofgasse 15, 8010 Graz, www.graztourismus.at
- ÖPNV: Bus Nr. 30, Haltestelle Freiheitsplatz/ Schauspielhaus

# Der Garten der Götter

## 69 Philemons Garten

Die Geschichte von Philemon und seiner Frau Baucis des römischen Dichters Ovid erzählt von der Gastfreundschaft eines alten Ehepaares. Sie bewirten den Göttervater Jupiter und seinen Sohn Hermes, während ihnen die übrige Stadt den Einlass verwehrt. Die Götter vernichten aus Zorn darüber die Stadt und verschonen nur das Haus von Philemon und Baucis. Es wird zu einem Tempel aus Gold und Silber. Die beiden Alten werden eines Tages in eine Eiche bzw. Linde verwandelt. Dieses wunderbare Gefühl von göttlicher Macht und menschlicher Wärme strahlt auch Philemons Garten in Entschendorf aus. Es ist ein magischer Ort. Zu jeder Jahreszeit gibt es seltene Gehölze oder prachtvolle Blumen oder nützliche Kräuter zu bewundern. Die günstige Klimalage ermöglicht die Kultur von subtropischen und exotischen Pflanzen. Da gibt es Judas- und Orangenbäume, Zitruspflanzen, Iris, Taglilien, Lotos, Astern, Strauchmohn, Feigenbäume, Oliven, Chili, Sonnenbraut, verschiedene Gräser und winterblühende Gehölze. Man muss nur durchschlendern, schnuppern und genießen. Für den Blick über das sanfte Hügelland kann man den nahe gelegenen Aussichtsturm erklimmen. Darüber hinaus gibt es das ganze Jahr über fröhliche Feste und auch Kulinarisches im Garten zu erleben. Bei den Veranstaltungen wird man mit Musik und Kostproben in einen Garten aus Tausendundeiner Nacht entführt oder in die Landschaft Marokkos, in die Wüsten Afrikas, ans Mittelmeer oder in einen keltischen Nutzgarten. Wenn der Garten für eine Veranstaltung dekoriert ist, dann ist es ein besonderes Erlebnis. Die bunten Muster eines orientalischen Teppichs, Stoffe, die im Wind wehen, Fackeln und eine geschmackvolle Beleuchtung bringen die Schönheit der Pflanzen noch einmal besser zur Geltung. Wer seinen kulinarischen Horizont erweitern möchte, kann selbst den Kochlöffel schwingen, einen exklusiven Kochkurs belegen und die Schätze der Natur unter fachgerechter Anleitung verarbeiten und verkosten.

TIPP

Apotheke St. Margarethen an der Raab.

● Philemons Garten, Entschendorf bei Gleisdorf 52, 8321 St. Margarethen/Raab, Tel. + 43 (6 99) 12 16 86 86, www.philemons-garten.at

● ÖPNV: Bus 422, Haltestelle Entschendorfberg Abzw., 4 Minuten zu Fuß bis zum Garten

# Es klappert die Mühle

70

## Berghofer Mühle

Der Duft von typischem steirischem Bauernbrot, der Biss in die frische Kaiser-Semmel oder alleine der Anblick eines glänzenden, goldbraunen Kipferls. Den Bäckern gelingt es jedes Mal aufs Neue, die Menschen glücklich zu machen. Brot und Gebäck sind mehr als nur ein Grundnahrungsmittel, sie sind Nahrung für die Seele. In der Steiermark verstehen die Bäcker und Bäckerinnen etwas von ihrem Handwerk. Qualität, Geschmack, Regionalität und alte Rezepte sind hier besonders wichtig. Besucht man einen Bauernmarkt, so wird man feststellen, dass es in der Steiermark eine unglaubliche Vielfalt an Gebäck gibt: ein echtes Bauernbrot, Kipferl, Reingerl, Striezel, Strauben, Stangerl, Weckerl aller Art, Buchteln, Spagatkrapfen oder Pinzen, Feingebäck und Weißgebäck in allen Formen. Die wichtigste Zutat für alle diese Schmankerln ist Mehl. Gutes Mehl kommt seit dem 12. Jahrhundert von der Berghofer Mühle. Bereits die sechste Generation, genauer gesagt drei Schwestern, betreiben heute die Mühle und schaffen den Balanceakt zwischen Tradition und Innovation. Das alte Mühlengebäude ist wirklich sehenswert und wie viele Mühlen ein Gebäude voller Geschichten. Eine Mühle war auch immer ein Treffpunkt für die Menschen der Umgebung, die hierher ihr Getreide lieferten und dann geduldig darauf warteten, bis es fertig gemahlen war. Heute gibt es Führungen, einen verpackungsfreien Mühlenladen mit traditionellen und kreativen Produkten, die einem das Wasser im Mund zusammenlaufen lassen. Ein weiteres steirisches Genussprodukt, Grundnahrungsmittel, ein Must-have und Ikone der Steiermark erzeugt die Berghofer Mühle: Aus den Kernen des Ölkürbisses wird das schwarz-grüne Kürbiskernöl, das „schwarze Gold" der Steiermark, gepresst. Ein eigenes kleines Wasserkraftwerk treibt die Mühlräder an. Man lebt und arbeitet hier im Einklang mit der Natur und sogar zusammen mit den Archäologen. Was Steirer und Steirerinnen seit der Steinzeit essen, wird hier erforscht und ausgestellt und alle Getreidearten, vom Einkorn angefangen, kann man im Mühlenladen kaufen.

TIPP
Kürbiskernöl schmeckt auch gut über Vanilleeis oder Eierspeis (Rührei).

- Berghofer Mühle, Bahnhofstraße 25, A-8350 Fehring, Tel. +43 (31 55) 22 22-0
www.berghofer-muehle.at
- ÖPNV: Zug S3, Haltestelle Fehring

# Die Heiligengeistklamm

71

## Rund um Leutschach an der Weinstraße

Ein Naturjuwel der ganz besonderen Art findet man in Leutschach: die Heiligengeistklamm. Der Weg führt entlang eines Baches, durch dichte Wälder und sogar in ein anderes Land. Aufgrund der bemerkenswerten Flora und Fauna und der spannenden Geschichte entlang der Staatsgrenze wurde die Klamm in der TV-Sendung „9 Plätze 9 Schätze" sogar zum schönsten Ort Österreichs gewählt. Der Wanderweg ist für Anfänger und Anfängerinnen geeignet, doch sollte man festes Schuhwerk anziehen, das auch nass werden darf. Er führt vom Ort Schloßberg in ca. eineinhalb Stunden zur Kirche Sveti Duh, zur Heiligengeist-Kirche, in Slowenien. Wenn man das Schuhwerk nach der Wanderung im wahrsten Sinne des Wortes an den Nagel hängen möchte, so sollte man das an dem Baum am Ende des Weges machen. Viele ausgediente Wanderschuhe haben hier ihre letzte Ruhestätte gefunden. Wandern ist kein Wettkampf, hier geht es nicht darum, der oder die Erste am Ziel zu sein, vielmehr ist der Weg das Ziel. Mit geschärften Sinnen gilt es, so viel wie möglich am Weg zu entdecken. Als Belohnung nach dem Spaziergang warten ungefähr 70 Buschenschenken mit steirischen Spezialitäten, ca. 90 Weingüter, die preisgekrönte Weine produzieren, 50 Restaurants und Gasthöfe, rund 2200 lauschige Gästebetten und das eine oder andere kühle Bier in der Region „Südsteirische Weinstraße" rund um die Klamm. Eine weitere Besonderheit gibt es rund um Leutschach an der Weinstraße, was für Verwirrung sorgen kann, denn anstatt Weingärten sieht man hier in der Gegend immer wieder Hopfengärten. Hopfen wird fürs Bierbrauen benötigt. Österreich hat das Glück, an der Grenze zwischen „Bier-trinkenden" und „Wein-trinkenden" Ländern zu sein. Hier gibt es beides in super Qualität. Leutschach ist das größte Hopfenanbaugebiet Österreichs. Hier findet man also ebenfalls beides: ausgezeichneten Wein und bestes Bier. Bier oder Wein, was darf es sein?

TIPP

Das erste Steirische Hopfenmuseum.

- Heiligengeistklamm, Leutschach an der Weinstraße, Großwalz 19, 8463 Großwalz, Tel.+43 (5) 7 73 05 20, www.steiermark.com
- ÖPNV: Bus 780, Haltestelle Leutschach/ Schule, Fußweg

# Florierende Handelsstadt

## 72 Das Kornmesserhaus in Bruck an der Mur

Bruck an der Mur hat alles, was man von einer historischen Handelsstadt erwartet: eine Stadtbefestigung mit Schlossberg und den Überresten der mächtigen Burg Landskron und einen Uhrturm. Eine lange Geschichte, die von exotischen Handelswaren berichtet, das Baderhaus, das im 16. Jahrhundert als „Wellness-Tempel" und Bootsanlegestelle zugleich galt, zahlreiche Kirchen, Kapellen und darin gut erhaltene gotische Fresken und sogar einen Hauch erzherzöglichen Prunk findet man in Bruck an der Mur. Erzherzog Ernst der Eiserne, der Vater des späteren Kaisers Friedrich III., wurde 1377 in Bruck an der Mur geboren, er lebte und starb hier. Der Mann mit diesem furchterregenden Beinamen war verheiratet mit einem der ersten „It-Girls" der Geschichte, der polnischen Prinzessin Cimburgis von Masowien, die man auch als die „Großmutter der Habsburger" bezeichnen kann. Ihre Stärke war legendär, und man erzählte sich, dass sie Hufeisen verbiegen konnte. Sie war wunderschön, brachte neun Kinder auf die Welt und schaffte es, als Vormund ihrer Kinder auch politisch aktiv zu werden. Nicht nur die Habsburgerfamilie und reiche Adelsgeschlechter, vor allem die Bürgerinnen und Bürger haben der Stadt ihren Stempel aufgedrückt und durch Handel und Märkte, Stadtrechte und Politik die Stadt reich gemacht. Ein Ausdruck dieses Reichtums und des Einflusses der Bürger ist das Kornmesserhaus am riesigen Hauptplatz von Bruck an der Mur, weshalb Bruck auch als „Kornmesserstadt" bezeichnet wird. Es wurde um 1500 erbaut. Trotz Schäden nach einem Brand sind die gotischen Bögen, Säulen und Verzierungen, Fenster und die Loggia im venezianischen Stil noch immer gut erhalten. Benannt ist das Haus nicht nach einer Waffe oder einem Werkzeug, sondern nach einer einflussreichen Familie, die mit Arsen Handel bis nach Italien betrieb. Es wurde sogar für kurze Zeit als Rathaus genutzt.

TIPP

Das spannende Programm und die Architektur des Kulturkinos Bruck an der Mur.

● Kornmesserhaus, Koloman-Wallisch-Platz, 8600 Bruck an der Mur
www.tourismus-bruckmur.at, www.bruckmur.at
● ÖPNV: Bahnhof Bruck an der Mur

HIMBEER

# Schnell nach Štajerska

## 73 Die Murfähre

Für *30 Personen, sieben Stück Vieh oder ein beladenes landwirtschaftliches Fuhrwerk* war die Murfähre in Weitersfeld einst vorgesehen, so steht es auf der Tafel neben der Anlegestelle. Es gibt so viele Möglichkeiten, in der Steiermark zu reisen: die Bahn, das Fahrrad, mit Wanderstock oder mit dem Auto. Neben den Klassikern kann man aber auch ausgefallene Fortbewegungsmittel benutzen wie einen Heißluftballon, einen Schlitten oder eben eine Fluss-Fähre. Letztere ist die letzte funktionstüchtige Rollfähre an der Mur. An einem Seil treibt die Fähre von der Steiermark nach Slowenien. Das Seil ist das verbindende Element zwischen den beiden Ländern. Die kurze Flussüberquerung funktioniert ganz ohne Antrieb, nur mit Hilfe der Strömung und einem großen Ruder, das der nette Fährmann einmal Richtung Slowenien und einmal Richtung Österreich schwingt. Die Mur bildet im Süden der Steiermark über viele Kilometer die Staatsgrenze, eine Grenze, so wie man es sich für die ganze Welt wünschen würde, denn der Fluss verbindet mehr, als dass er trennt. Gemeinsam nutzen Steirer auf dieser Seite der Mur und Bewohner von Štajerska in Slowenien den Fluss und auch die Fähre. Vieh wird heute aber nur mehr selten transportiert, stattdessen Menschen, Haustiere und Fahrräder. Mit einer Glocke wird der Fährmann gerufen, und glücklicherweise verlangt er nicht wie in der griechischen Mythologie Goldstücke, die Fahrt ist gratis und führt auch nicht ins Jenseits, sondern ins wunderschöne Slowenien. Man wandert in Österreich und isst in Slowenien, man übernachtet in Slowenien und kauft in Österreich ein, so einfach kann es sein. Die Sehenswürdigkeiten und Städte an der österreichisch-slowenischen Grenze sind nicht mehr abgelegene und arme Orte am Rande einer Region, so wie es in der Zeit des Eisernen Vorhangs der Fall war, diese schönen Flecken bilden heute das Zentrum der Region, mitten im Leben, wieder vereint.

TIPP

Den Mur-Radweg entlangradeln.

- Zur Hitt'n, Manuel Trummer, Murfährenweg 14, 8473 Straß in der Steiermark, Tel. +43 (6 76) 5 10 30 29, www.steiermark.com
- ÖPNV: Zug S51, Haltestelle Weitersfeld/Mur Bahnhof, 40 Minuten Fußmarsch

# Drache und Fledermaus

## 74 Drachenhöhle von Mixnitz

Unweit von Mixnitz, mitten im Wald, nur zu Fuß zu erreichen, gibt es die sagenumwobene Drachenhöhle. Diese Höhle ist durch Funde aus der Steinzeit schon sehr lange bekannt. Sie zeugen davon, dass Menschen hier vor 50.000 Jahren Schutz gesucht und gelebt haben. Auch die bereits ausgestorbenen Höhlenbären waren hier zu Hause, 30.000 sollen es gewesen sein. Die Menschen aus der Umgebung fanden die großen unbekannten Knochen und glaubten, Drachenknochen gefunden zu haben, daher der unheimliche Name der Höhle. Man erzählt sich in dieser Gegend noch immer viele Sagen, die von Drachen und Ungeheuern berichten und von tapferen jungen Männern, die sich der Gefahr gestellt haben, wie die Sage vom Drachentöter von Mixnitz: Es war einmal ein fürchterlicher Drache. Der lebte in der großen Höhle im Wald bei Pernegg und trieb hier sein Unwesen, versetzte die Bevölkerung in Angst und Schrecken und tötete Vieh und sogar Menschen. Viele junge Männer versuchten, das Ungeheuer zu töten, aber alle scheiterten und manche wurden nie mehr gesehen. Der Ziehsohn eines Bauern aus der Umgebung wollte den Drachen besiegen, denn er entdeckte, dass der Drache von der Höhle aus immer am Bauch über den Hang hinunter ins Tal glitt und daher an seiner Unterseite verwundbar sein musste. Der junge Mann befestigte spitze Waffen entlang dieser Rinnen. Als der Drache wieder sein Unwesen treiben wollte und den Berg herunterrutschte, verletzte er sich an den Speeren und starb. Der Ziehsohn des Bauern wurde reich und als „Drachentöter von Mixnitz“ berühmt. Drachen wurden nie mehr in dieser Höhle gesichtet. Heute wird die Höhle von Fledermäusen und anderen Tieren bewohnt und gilt als geschütztes Naturdenkmal, das nur im Zuge einer Führung mit geschulten Höhlenführern besucht werden darf. Nach dem gemeinsamen Aufstieg zur Höhle betritt man durch den „Schlund“, den großen Höhleneingang, eine andere Welt. In dieser Welt ist man Gast und nur kurz geduldet, ehe man die tierischen Höhlenbewohner wieder in Frieden lassen muss.

TIPP

Die Kletterrouten am Röthelstein.

- Drachenhöhle Mixnitz, Heubergstraße 32, 8131 Mixnitz, Tel. +43 (6 76) 6 30 84 74 www.almenland.at
- ÖPNV: Zug, Haltestelle Mixnitz-Bärenschutzklamm, 20 Minuten Fußweg

# Ohren ins Weltall

## 75 Erdfunkstelle Aflenz

Ein „Servus“ aus Aflenz. Kommunikation ist heutzutage alles. Damit die Kommunikation in andere Teile der Welt immer aufrechterhalten bleibt und damit die Informationen aus internationalem Fernsehen nach Österreich gelangen, für ultraschnelle Datenübertragung und sichere Kommunikation von Österreich und nach Österreich, wurde 1980 in Aflenz die Erdfunkstelle gebaut. Einfacher gesagt: Über die Funkstelle kann man nach Übersee telefonieren oder schöne Bilder der Steiermark in alle Welt mailen. Das sind die österreichischen „Ohren ins Weltall“. Bei jedem Telefongespräch, beim Surfen im Internet oder bei Datenübertragungen aller Art spielt diese Hightech-Schnittstelle eine Rolle. Die riesigen Schüsseln erinnern an Science-Fiction-Blockbuster, an Agentenfilme oder an Alien-Geschichten. Die einzige Erdfunkstelle Österreichs wurde hier gebaut, weil in der Gegend kein Flughafen, kein Radar oder andere Strömungen die Frequenz stören. Es gibt ein kleines Besucherzentrum, wo man sich durch Schautafeln und einen Film die Anlage erklären lassen kann. Die Luft ist rein und das Wasser ist sauber wie selten wo. Bleibt noch zu erwähnen, dass die fruchtbare Erde, die saftigen Wiesen und die dichten Wälder der ideale Ort sind, um ausgiebig Sommerfrische zu genießen und Energie zu tanken oder sich auszupowern. Bestens geeignet ist dafür gleich neben dem virtuellen Hotspot der völlig reale Luftkurort Aflenz. Das geht ganz klassisch mit Bewegungstherapien, Sport, Wandern und mit gutem Essen (Hochschwab-Wild) oder auch modern, denn rund um Aflenz kann man Waldbaden, Waldyoga und Digital Detox betreiben, also trotz Erdfunkstelle einfach das Handy ausschalten und einfach so drauflosplaudern. Im Kurpark von Aflenz kann man einiges erleben oder einfach nur leben. Am besten gönnt man sich ein hausgemachtes Eis der Café Konditorei Moser Fink, denn oft sind es die kleinen Dinge, die die größte therapeutische Wirkung haben.

TIPP

Ein Hochschwabdirndl oder Steireranzug aus dem Kaufhaus Trachten Ziegler.

- Erdfunkstelle Aflenz der Telekom Austria AG, Graßnitz 160, 8624 Aflenz, Tel. +43 (50) 66 44 72 00
- ÖPNV: Bus 170, Haltestelle Graßnitz Ort

# Wunder in Schüsseln

## 76 Wallfahrtskirche Schüsserlbrunn

*Dös Brünnderl im Felsen. Hinterm Kircherl hiebei. Hat gar mancher erfahrn. Als a guate Arznei. A gräflicher Bua aus 'm Ungarland. Der blind war geborn. Bei Maria-Schüsserlbrunn. Das Augenlicht fand.* So schrieb es 1932 Margarete Elmer. Der Legende nach träumte eine ungarische Gräfin von diesem Ort und kam mit ihrem blinden Sohn hierher, der vom Quellwasser geheilt wurde. Eine weitere Sage erzählt von einer Kuh, die abstürzte und eigentlich tot gewesen sein müsste, aber lebendig bei der Kirche gefunden wurde. Rund um die Kirche passieren Wunder. Doch Wissenschaftler vermuten, dass es sich hier um ein vorchristliches Heiligtum handelt. Sicher handelt es sich hier um ein Naturwunder, das Entspringen einer Quelle. Man kann die Kapelle nur zu Fuß erreichen, es sind ein paar Stufen, wenn man vom Gasthaus „Steirischer Jockl" aus startet. Auch andere Wege führen nach Schüsserlbrunn. Man kann mit einer wunderschönen Wanderung beispielsweise auf der Teichalm beginnen. Gleich hinter der Kapelle ragt die steile Wand des Hochlantsch empor, die „Lantschmauer". Die kleine Kirche davor hat gerade einmal Platz, fast bedrohlich schaut die Wand auf sie herab. Ein paar Meter von der Kapelle entfernt tropft von einer Wand das vermeintlich heilende Wasser. Es sammelt sich immer wieder in kleinen Schüsseln, daher der Name „Schüsserlbrunn". Es ist ein schöner Blick von dieser kleinen Holzkirche aus ins Land oder vom Rastplatz auf das Kircherl, egal ob man an Wunder glaubt oder nicht. In der kleinen Kirche werden immer wieder Gottesdienste abgehalten, meistens zu Marienfeiertagen. Wenn sich die Gelegenheit ergibt, dann sollte man diese Chance nutzen, denn auch das Innere des kleinen Kircherls ist etwas Besonderes. Wo findet man denn noch eine Kirche ganz aus Holz? Eine gibt es noch: Das Friedenskircherl am Stoderzinken, auch dieser kleinen Kirche im Ennstal mit sensationellem Alpenpanorama sollte man einmal einen Besuch abstatten.

TIPP

Der Wanderführer „Wandern für die Seele, Wohlfühlwege Steiermark".

- Schüsserlbrunn, Pfarramt Breitenau am Hochlantsch, St. Erhard 21, 8614 Breitenau am Hochlantsch, Tel. +43 (6 76) 87 42 62 50, www.schüsserlbrunn.at
- ÖPNV: Bus 216, Haltestelle Teichalm/Teichwirt, ca. 45 Minuten Fußweg

# Die Treppe ins Nichts

77

## Der Dachstein

Auf dem Dach der steirischen Welt, dem Dachstein, kann man sich auf der „Treppe ins Nichts“ dem Höhenrausch hingeben. Der Dachstein steht nicht nur am Anfang der steirischen Hymne, er ist auch für viele der Anfang des Steiermark Urlaubes und, wenn man ihn besteigt, eine super Möglichkeit, sich einen Überblick über die steirische Welt zu verschaffen. Unter den Füßen ist dann 400 Meter lang nichts außer der steilen Wand des höchsten Berges der Steiermark. Mit 2995 Metern Seehöhe liegt der Gipfel knapp unter der 3000er-Marke. Nichtsdestotrotz ist er Identifikationspunkt und Glücksort der Steirerinnen und Steirer. Die steirische Landeshymne beginnt mit den Worten: *Hoch vom Dachstein an, wo der Aar noch haust, bis zum Wendenland am Bett der Sav' und vom Alptal an, das die Mürz durchbraust, bis ins Rebenland im Tal der Drav'. Dieses schöne Land ist das Steirer Land, ist mein liebes teures Heimatland.* Der Dachstein hat ein unverwechselbares Aussehen. Im ganzen Ennstal freut man sich, wenn man durch die vielen anderen hohen Bergspitzen hindurch das Dachstein-Massiv leuchten sieht. Einen schönen Blick darauf werfen kann man beispielsweise von der Loserhütte aus. Noch spektakulärer ist es aber, wenn man direkt unter der steilen Bergwand steht oder mit der Gletschergondel, mit Panorama-Fenstern und „Dach-Terrasse“, darüber „schwebt“. Es gibt auch noch andere Möglichkeiten, den Berg zu erleben. Von der Bergstation aus kann man mit Erfahrung im Bergsteigen den Gipfel erklimmen. Oben angekommen gibt es mehrere Attraktionen wie die Hängebrücke, den Sky Walk, und bei guter Sicht kann man von der Plattform in 2700 Metern Seehöhe die atemberaubende Aussicht genießen. Man sieht das Massiv der Hohen Tauern und bis nach Slowenien und Tschechien. Den Adler, der im Dachsteinlied als „Aar“ erwähnt wird, gibt es tatsächlich, jedoch bekommt man ihn nicht so leicht zu sehen. Dafür kommen die frechen schwarzen Dohlen, betteln um Futter, um sich dann halsbrecherisch in die Tiefe fallen zu lassen.

TIPP

Die Schladming-Dachstein-Sommercard bietet viele Vergünstigungen.

- Dachstein Gletscherbahn Ramsau, Schildlehen 79, 8972 Ramsau am Dachstein, Tel. +43 (36 87) 22 04 28 10 www.schladming-dachstein.at, www.dachstein.at
- ÖPNV: ÖBB oder Flixbus bis Schladming, RVB Gletscher Shuttlebus, Dachstein Gletscherbahn

# Mit ohne Strom

## 78 Freilichtmuseum Stübing

Ein Museum der besonderen Art befindet sich in Stübing. Im Freilichtmuseum macht man eine Reise durchs „Tal der Geschichte", eine Zeitreise. Malerisch gelegen finden sich hier historische Hauslandschaften, die abgebaut und wieder original aufgebaut wurden. Man darf in die 100 originalen bäuerlichen Bauten reingehen, sie sind teilweise möbliert mit kunstvoll bemalten Bauernmöbeln. Im Dorf gibt es außerdem eine alte Schule, eine Mühle, einen Greißlerladen, wo es die Süßigkeiten von damals gibt, und ein Gasthaus, in dem man heute wieder gut essen kann und in dem es zugeht wie „in Omas Küche". 2023 stand die Jahresausstellung unter dem Motto „mit ohne Strom". Der Mensch von heute kann sich überlegen, was er beim großen „Blackout" tun würde, und sich inspirieren lassen. Die Menschen von damals hatten keine Probleme, stromfrei zu leben. Das Wissen rund ums bäuerliche Leben im Einklang mit der Natur darf hier gleich ausprobiert werden. In vielen verschiedenen Kursen und bei Veranstaltungen das ganze Jahr über lernt man das Kochen am offenen Feuer, ausgefallene Dinge, wie die Herstellung von Dach-Schindeln, man erfährt mehr über das Anlegen von Vorräten für den Winter oder die Bearbeitung von Gärten und Feldern, Sensen, Korbflechten, Löffelschnitzen, Handarbeiten wie Spinnen oder wie man pflanzliche Arznei und Naturkosmetik aus einem Bauerngarten gewinnen kann. Ein echter steirischer Bauerngarten ist eine wahre Pracht, er darf hier nicht fehlen, gehört er doch zum bäuerlichen Leben dazu. Es gibt zahlreiche Veranstaltungen, auch in der Nacht und im Winter. Dann herrscht eine ganz spezielle Stimmung, wenn in den alten Rauchkucheln die Feuerstellen angezündet werden und Fackeln am Weg brennen. Alles wird dekoriert und geschmückt, Sterz wird gekocht, Schnaps gebrannt und wenn die Menschen sich in die „warmen Stubn" zurückziehen, wird gemeinsam musiziert oder gearbeitet, es ertönt Musik oder auch das Klappern eines Spinnrads.

TIPP

In der Nähe befinden sich Sensenwerk und die Lurgrotte.

- Österreichisches Freilichtmuseum Stübing, Enzenbach 32, 8114 Stübing, Österreich, Tel. +43 (31 24) 5 37 00, www.museum-joanneum.at
- ÖPNV: ÖBB Bahnhof Stübing und GUSTmobil oder 30 Gehminuten

# 50 Shades of Green

## 79 Grüner See

Im Süden des Hochschwabmassivs gibt es ein Naturjuwel, das seinesgleichen sucht, den Grünen See. Die ganze Gegend rund um den See und die hohen Spitzen des Massivs sind die Heimat vieler Tiere, wie der größten Gemsen-Population Europas oder des „Hochschwab Wilds", das in den dichten Wäldern vom See bis auf die Bergspitzen zu Hause ist. Das Wildfleisch wird in der „Genussregion Hochschwab Wild" vermarktet. Die Wasserquellen des Hochschwab sind so klar und sauber, dass man zur Zeit der Monarchie sogar 1910 eine Hochquellenleitung baute, um das steirische Wasser in die Kaiserhauptstadt Wien zu leiten. Aus jeder Wasserleitung in der Steiermark sprudelt das beste Trinkwasser. Der Grüne See ist ein Highlight unter so vielen schönen Sehenswürdigkeiten in der Steiermark. Er liegt auf 776 Metern Seehöhe und erreicht auch in den heißesten Sommern eine Wassertemperatur von maximal acht Grad. Der See speist sich aus klarstem Quellwasser von den Bergen. Daher gibt es einen stark schwankenden Wasserspiegel. Zur Zeit der Schneeschmelze im Frühling füllt sich der See, im Juni hat er dann seinen Höchststand erreicht. Viele Wege, Bänke, das ganze Ufer wird nach und nach überschwemmt. Im Sommer geht das Wasser zurück und die Annehmlichkeiten für Spaziergänger tauchen wieder auf. Im Winter kann der See sogar vollständig verschwinden. Das Schönste am Grünen See ist das Farbenspiel des Wassers und der Natur rundherum. Die Farbe des Sees reicht von Smaragd, Türkis, Lindgrün bis Blassblau. Es findet sich kein Name, der dieses Kristallwasser benennen kann. Glasklar ist das Wasser und so still, dass sich alles darin spiegelt. Baden oder Tauchen ist im See verboten, um das Naturjuwel zu schützen. Es führt jedoch ein wunderschöner Weg rundherum. Entlang des Weges erfreut man sich am Berg-Panorama und an der bunten Natur, den Wiesen und am dunkelgrünen Wald. An einem Ort wie diesem wird klar, warum die Steiermark auch das „grüne Herz Österreichs" genannt wird.

TIPP
Im klaren Wasser des Leopoldsteinersees schwimmen.

- Fremdenverkehrs- u. Verschönerungsverein Tragöß - St. Katharein, Oberort 45, 8612 Tragöß - St. Katharein, Tel. +43 (38 68) 83 30, www.tragoess-gruenersee.at
- ÖPNV: Bus 175, Haltestelle Tragöß Oberort Grüner See, ca. 20 Minuten Fußweg

# Im Flussbad

## 80 Sulmbad-Steinerne Wehr

*I'm living in the Steinwehr – and I feel free. When I'm living in the Steinwehr peace is all I can see.* Die steirischen Musiker Leo Kyselá und Andie Cayne huldigen in ihrem Lied der Steinernen Wehr. Die Idee dazu ist ihnen bei einem Badeausflug mit Gitarre gekommen. Die Sulm ist ein Nebenfluss der Mur, genauer gesagt gibt es sogar die Weiße Sulm und die Schwarze Sulm, deren Quellgebiet ist ein geschütztes Naturjuwel. So einiges kann man entlang des Flusses unternehmen, unter anderem auch im ältesten steirischen Flussbad ein Bad nehmen. Die Steinerne Wehr oder Sulmbad genannt ist ein Badebereich am Fluss mit einer kleinen Steinwehr. Über der Wehr ist die Strömung ruhig, und man kann weit flussaufwärts der Sulm entlangschwimmen oder paddeln, und Mutige trauen sich, über einen Steg ins tiefere Wasser zu springen. Unter dem Stein-Damm ist das Wasser seicht und für kleine Kinder ideal zum Plantschen. Es gibt kleine Inseln im Bach, zu denen man durchs Wasser steigen kann. Auch Hunde sind hier erlaubt. Im kleinen Lokal, mit sehr nettem Personal, gibt es täglich eine gute Jause, die man direkt an den Tischen in der Wiese essen kann, oder man nimmt sich ein Eis oder einen Kaffee mit zu einem der schattigen Plätze unter den Bäumen. Auch Nichtschwimmer und Nichtschwimmerinnen kommen hier auf ihre Kosten, denn was gibt es Schöneres, als dem Rauschen des Baches zu lauschen, die Füße ins kalte Wasser zu halten oder kleine Staudämme und Kunstwerke mit den runden Flusssteinen zu bauen? Apropos „kaltes Wasser“: Das Flusswasser ist ziemlich kalt, auch im Hochsommer, doch man hat hier den Luxus, im glasklaren Trinkwasser zu baden. Wenn man den Schritt ins kalte Wasser geschafft hat und sich danach in der warmen steirischen Sonne trocknet, dann fühlt man sich fast wie neugeboren. Das ist nicht nur ein gutes Gefühl, sondern alles bei einem Ausflug zur Steinernen Wehr ist gut für die Gesundheit und hält Geist und Körper fit. Es stimmt, was im Lied gesungen wird: Wenn man bei der Steinernen Wehr ist, dann sieht man nur Frieden.

TIPP

Die Störche auf den Wiesen der Gegend beobachten.

- Sulmbad zur Steinernen Wehr, Sportplatzstraße 2, 8430 Leibnitz, Tel. +43 (6 64) 1 81 98 07, www.steinernewehr.com
- ÖPNV: Bahnhof Kaindorf/Sulm Bahnstation, 30 Minuten Fußweg

*Ich bedanke mich bei meiner Familie, die mich bei so vielen Ausflügen in die Steiermark begeistert begleitet hat. Gemeinsam war jede Reise nicht nur Arbeit, sondern vor allem ein Vergnügen. Ein riesiges Dankeschön gebührt meiner Mama Jasmin Nezmahen Castagna, die mir zu jeder Tages- und Nachtzeit Tipps und Feedback gegeben hat und ohne die das wunderschöne Projekt „Glücksorte Steiermark“ nicht möglich gewesen wäre. Danke.*

**Bibliografische Informationen der Deutschen Nationalbibliothek**
Die Deutsche Nationalbibliothek verzeichnet diese Publikation in der Deutschen Nationalbibliografie; detaillierte bibliografische Daten sind im Internet über http://dnb.d-nb.de abrufbar.


**Konzeption/Satz:** Droste Verlag, Düsseldorf
**Einbandgestaltung und Illustrationen:** Britta Rungwerth, Düsseldorf, unter Verwendung von Bildern von © Fotolia.com: jd – photodesign.de; © iStock: Plociennik Robert
**Fotos: Ruth Nezmahen, außer:**
S. 39: Sophie Zeiler-Mahrous, M.Sc.; S. 79: Alpenverein Sektion Stainach; S. 95: Kleines Magisches Varieté; S. 99: dixiefestival 22 – reithofer media; S. 101: Josef Nezmahen; S. 105: Fritz Geissler; S. 113: Lorenz Krüger; S. 125: Planai Bahnen_Tom Lamm; S. 145: Jasmin Nezmahen Castagna; S. 155: Gemeinde Pernegg-Mur; S. 159: Janine Wenzel; S. 161: (c) Dachstein_Christoph Huber; S. 163: Simon Heiß
**Textlektorat:** Christa Pohl, Heßdorf

MIX
Papier | Fördert gute Waldnutzung
FSC® C011279
FSC www.fsc.org

**Druck und Bindung:** LUC GmbH, Greven
**ISBN 978-3-7700-2458-2**

**www.droste-verlag.de**